JOHANN GEORG HAMANN

# Sokratische Denkwürdigkeiten
# Aesthetica in nuce



MIT EINEM KOMMENTAR
HERAUSGEGEBEN
VON SVEN-AAGE JØRGENSEN

PHILIPP RECLAM JUN. STUTTGART

Die Umschlagabbildung, eine das Satyrhafte bezeichnende Pansvignette, ist vom Titelblatt der Erstausgabe von Hamanns *Kreuzzüge des Philologen* (1762) genommen. In diesem Sammelband, für den der Autor die Vignette eigens auswählte, erschien auch zuerst die Schrift *Aesthetica in nuce.*

Universal-Bibliothek Nr. 926 [3]

Gesamtherstellung: Reclam, Ditzingen. Printed in Germany 1987
ISBN 3-15-000926-X

# Sokratische Denkwürdigkeiten

2. Zu dem ersten der *Briefe die neueste Litteratur betreffend,* die Lessing, Nicolai und Mendelssohn herausgaben (1759) schrieb Hamann: »Dies Publicum was für ein Protheus ist es? Wer kann alle die Verwandlungen erzählen, und alle die Gestalten, unter denen es angebetet, und durch die abergläubische Leser betrogen werden. Ein blessirter Officier, der für die lange Weile – ich weis nicht was? lieset. Dies ungenannte sind die Briefe die neueste Litteratur betreffend, die ich mit so viel Vergnügen gelesen, als man einem Patienten kaum zutrauen kann, der seinen Arm in der Schärfe trägt. Sollte aber wohl das Publicum von *Richtern* und *Kennern* dergl. Einfälle billigen, die gar zu deutl. verrathen, daß nicht der Mann, an den diese Briefe gerichtet sind sondern der Schriftsteller ein solcher temporair Invalide ist, der seine eigene lange Weile vertreibt –« (ZH I 368, 4-13).

7-11. Wie töricht ist der Menschen Sorg und Streben, / wie vieles eitel doch in unserm Leben! – / »Wer wird denn so was lesen?« – Fragst du mich? / Wahrhaftig niemand. – »Niemand?« – Etwa zwei, / vielleicht auch keiner! (Persius, *Sat.* I 1; Weinreich.)

12. Amsterdam: Die Schrift erschien in Königsberg. Dazu *Ein fliegender Brief an Niemand, den Kundbaren* (N III 348, 27-29): »In der Handschrift stand die bloße Jahreszahl. Der verlogene Ort war ein Lappe oder Einfall, vielleicht des Drukkers; wurde aber dem Verfasser zur Last gelegt . . .« Vgl. N II 86, 3-9.

[57] # Sokratische Denkwürdigkeiten

für die lange Weile des Publicums
zusammengetragen
von einem Liebhaber der langen Weile.

Mit einer doppelten Zuschrift
an Niemand und an Zween.

O curas hominum! o quantum est in rebus inane!
Quis leget haec? – – – Min' tu istud ais? – –
Nemo hercule – – Nemo? –
Vel DVO vel NEMO – – –

Pers.

Amsterdam, 1759.

4 f. – dieser Niemand, wo ist er (Euripides, *Der Kyklop* 675).
8. Zeichen: Matth. 12, 38.
10. 1. Kor. 8, 4.
13 f. Augen ... hören: Ps. 115, 4-7.
14-16. das künstliche ... pflanzest: Ps. 94, 9; Spr. 20, 12.
20-23. *Du* ... solltest: 1. Kön. 18, 27.
21. Priester des Publikums sind die Kritiker.
23-26. *Dir* ... machen: Vom Bel zu Babel (Apokryphe des AT) 2-14.
26. eckel: wählerisch.
27. leer: vgl. 2. Mose 23, 15.
28 f. Als der Philosoph Aristipp vor dem Tyrannen Dionysius fußfällig geworden war, erwiderte er auf einen diesbezüglichen Vorwurf, daß Dionysius Ohren an den Füßen habe.
30 u. 9, 1. Küchlein ... *barst:* Vom Drachen zu Babel (Apokryphe des AT) 26.

[59]

# An das Publicum, oder Niemand, den Kundbaren.

– οδ' ΟΥΤΙΣ, που 'στιν; – –
Eurip. Κυκλωψ.

*Du* führst einen Namen, und brauchst keinen Beweis *Deines* Daseyns, *Du* findest Glauben, und thust keine Zeichen denselben zu verdienen, *Du* erhältst Ehre, und hast weder Begrif noch Gefühl davon. *Wir wissen, daß es keinen Götzen in der Welt giebt.* Ein Mensch bist *Du* auch nicht; doch must *Du* ein menschlich Bild seyn, das der Aberglaube vergöttert hat. Es fehlt *Dir* nicht an Augen und Ohren, die aber nicht sehen, nicht hören; und das künstliche Auge, das *Du* machst, das künstliche Ohr, das *Du* pflanzest, ist, gleich den *Deinigen*, blind und taub. *Du* must alles wissen, und lernst nichts[1]; *Du* must alles richten, und verstehst nichts, lernst immerdar, und kannst nimmer zur Erkenntnis der Wahrheit kommen[2]; *Du* dichtest, hast zu schaffen, bist über Feld, oder schläfst vielleicht, wenn *Deine* Priester laut ruffen, und *Du* ihnen und ihrem Spötter mit Feuer antworten solltest. *Dir* werden täglich Opfer gebracht, die andere auf *Deine* Rechnung verzehren, um aus *Deinen* starken Mahlzeiten *Dein* Leben wahrscheinlich zu machen. So eckel *Du* bist, nimmst *Du* doch mit allem für lieb, wenn man nur nicht leer vor *Dir* erscheint. Ich werfe mich wie der Philosoph zu den erhörenden Füssen eines Tyrannen. Meine Gabe besteht in nichts als Küchlein, von denen ein

1. Sp. Sal. IX. 13.
2. 2 Tim. III. 7.

3. Dienst *Deiner Eitelkeit*: »Schau doch aber unsere Ketten, / da wir mit der Kreatur / um Erlösung schrein und beten / von der Knechtschaft der Natur, / von dem Dienst der Eitelkeiten, / der uns doch so hart bedrückt ...« (Gottfried Arnold, O *Durchbrecher aller Bande*. Röm. 8, 19-21).

6 f. durch *Deine* Hände: durch Veröffentlichung.

7. frommen Betrug: pia fraus (Ovid, *Metamorph.* IX 711).

8. Der erste: Johann Christoph Berens, vgl. Nachwort.

11 f. in ... Sophisten: Hamann wurde nach seiner Bekehrung in London von Berens und anderen Freunden mystischer Neigungen und einer wortspielerischen, sophistischen Argumentationsweise beschuldigt (vgl. ZH I 307, 6-35; 310, 15; 396, 20-397, 3). Dafür wandte er sich mit Spott gegen die politischen und handelspolitischen Ideen von Berens, die er in der *Beylage zu Dangeuil* (N IV 225) gefeiert hatte (vgl. ZH I 414, 36-415, 4), wo er von »Schwarzkünsteleyen« spricht.

16. Victor Riquetti, Marquis de Mirabeau, der Vater des bekannten Politikers, vertrat in seinem Buch *L'Ami des Hommes ou Traité de la Population* (1755) die Auffassung, daß ein Land um so reicher sei, je größer seine Bevölkerung.

21. Der andere: Immanuel Kant.

22. Münzwaradein: Als ›Warden of the Mint‹ sollte Newton den Feingehalt der Münzen kontrollieren. Der scharfblickende Vergleich bezieht sich auf den vorkritischen Kant. Vgl. N II 129, 2-6.

32-36. O Zeus, ob Gold verfälschet sei, des haben wir
Untrügliche Kennzeichen, die du uns verliehn;
Doch warum drücktest du dem Leib der Sterblichen
Kein Merkmal auf, an dem man Frevler flugs erkennt.
(Euripides, *Medea* 516-19; Bothe)

Gott, wie *Du*, einst *barst.* Überlaß sie daher einem Paar *Deiner* Anbeter, die ich durch diese Pillen von dem Dienst *Deiner Eitelkeit* zu reinigen wünsche.

Weil *Du* die Züge menschlicher Unwissenheit und Neugierde an *Deinem* Gesichte trägst; so will ich *Dir* beichten, wer die *Zween* sind, denen ich durch *Deine* Hände diesen frommen Betrug spielen will. Der erste arbeitet am Stein der Weisen, wie ein [60] Menschenfreund, der ihn für ein Mittel ansieht, den Fleiß, die bürgerliche Tugenden und das Wohl des gemeinen Wesens zu befördern. Ich habe für ihn in der mystischen Sprache eines Sophisten geschrieben; weil Weisheit immer das verborgenste Geheimnis der Politick bleiben wird, wenn gleich die Alchymie zu ihren Zweck kommt, alle die Menschen reich zu machen, welche durch des Marqvis von Mirabeau fruchtbare Maximen bald! Frankreich bevölkern müssen. Nach dem heutigen Plan der Welt bleibt die Kunst Gold zu machen also mit Recht das höchste Project und höchste Gut unserer Staatsklugen.

Der andere möchte einen so allgemeinen Weltweisen und guten Münzwaradein abgeben, als Newton war. Kein Theil der Kritick ist sicherer, als die man für Gold und Silber erfunden hat. Daher kann die Verwirrung in dem Münzwesen Deutschlands so groß nicht seyn, als die in die Lehrbücher eingeschlichen, so unter uns gäng und gebe sind. Es fehlt uns an richtigen Verhältnis-Tabellen, die uns bestimmen, wie viellöthig an Korn und Schrot ein Einfall seyn müsse, wenn er eine Wahrheit gelten soll u. s. w.[3]

3. Ω Ζευ, τι δη χρυσου μεν ος κιβδηλος η,
Τεκμηρι' ανθρωποισιν ωπασας σαφη·
Ανδρων δ' οτῳ χρη τον κακον διειδεναι
Ουδεις χαρακτηρ εμπεφυκε σωματι·
Euripides Medea.

3. Die Medici in Florenz, von denen mehrere den Namen Cosimo trugen, hatten in ihrem Wappen Kugeln oder – dem Geschlechtsnamen entsprechend – Pillen.
9. Wie ich glaube, werde ich ein Gott. Ironischer Ausruf Vespasians, als er an einer Darmerkrankung starb. Er spottete darüber, daß er nach seinem Tod vom römischen Volk vergottet werden würde. Hamanns Quelle ist nach eigener Angabe (N II 95, 7) Francis Bacon.

Weil diese Küchlein nicht gekaut, sondern geschluckt werden müssen, gleich denjenigen, so die Cosmische Familie zu Florenz in ihr Wapen aufnahm; so sind sie nicht für den Geschmack gemacht. Was ihre Wirkungen anbetrift; so lernte bey einem ähnlichen Gefühl derselben Vespasian zuerst das Glück *Deines Namens* erkennen, und soll auf einem Stuhl, der nicht sein Thron war, ausgeruffen haben: VTI PVTO, DEVS FIO!

2-4. – – freylich eine schlechte Gabe, aber doch alles was ich vermag (Sophokles, *Elektra* 450; Steinbreuchel).

5-7. Nach Francis Bacon soll Aristoteles nach der Veröffentlichung seiner Naturgeschichte – nicht wie nach den antiken Quellen seiner Metaphysik – von Alexander dem Großen einen tadelnden Brief erhalten haben, weil Aristoteles damit die esoterische Philosophie unter das Volk brachte.

10 f. In der Schrift *Wolken. Ein Nachspiel Sokratischer Denkwürdigkeiten* will Hamann unter der Hand erfahren haben, daß das Büchlein *Sokratische Denkwürdigkeiten* »eine Sammlung von *Gelegenheitsgedanken* in sich schlöße, dergleichen die Alten *Wälder* genannt« (N II 100, 25-27).

13 f. Die *Analogie* . . . Schlüsse: Hamann will nicht nur auf den Analogieschluß hinweisen, dessen auch er sich bedient, sondern auch auf seine analoge Situation: er sieht sich als Sokrates, die Aufklärer Berens und Kant sind Sophisten, ihr Verhältnis zueinander soll durch Analogien aus der Lehre und dem Leben Sokrates' erhellt werden.

21. mimischen: mimen = nachahmend darstellen.

26. Henry St. John Bolingbroke (1678–1751), Politiker und Aufklärungsphilosoph. Schrieb u. a. *The Idea of a Patriot King* und die von Hamann benützten *Letters on the Study and Use of History*, in denen er nur diejenigen alttestamentlichen Berichte als historisch gelten lassen will, die später die Basis für das christliche Dogma bildeten, denn damit ist ihre Wahrheit ja erwiesen! Wie Hamann deutlich sah, griff Bolingbroke mit dieser Argumentation das Christentum als in der Geschichte des Alten und Neuen Bundes offenbarte göttliche Wahrheit an, für Hamann ein Hauptstück seines Glaubens, aber Bolingbroke tat es verdeckt, unter dem Schleier des sich vor der absoluten Wahrheit des Dogmas verbeugenden Historikers.

26. Anthony Ashley Cooper, Earl of Shaftesbury (1671–1713). Vertreter einer sittlich optimistischen, verfeinert ästhetischen Menschenauffassung, die in ihrem Zutrauen zu Vernunft und Natur der christlichen Lehre von der Erlösungsbedürftigkeit des gefallenen Menschen implizite widersprach, obwohl Shaftesbury eine direkte Auseinandersetzung mit dem Christentum vermied.

28. Analogie, des Menschen sicherster Wegweiser hier unten (Edward Young, *Night Thoughts*, 1742–45).

[61] 
## An die Zween.

– – σμικρα μεν ταδ', αλλ' ομως
ἅ 'χω – – –

Sophocles in Electra.

Das Publicum in Griechenland laß die Denkwürdigkeiten des Aristoteles über die Naturgeschichte der Thiere, und Alexander verstand sie. Wo ein gemeiner Leser nichts als *Schimmel* sehen möchte, wird der Affect der Freundschaft Ihnen, Meine Herren, in diesen Blättern vielleicht ein mikroskopisch Wäldchen entdecken.

Ich habe über den Sokrates auf eine sokratische Art geschrieben. Die *Analogie*[4] war die Seele seiner Schlüsse, und er gab ihnen die *Ironie* zu ihrem Leibe. Ungewißheit und Zuversicht mögen mir so eigenthümlich seyn als sie wollen; so müssen sie hier doch als ästhetische Nachahmungen betrachtet werden.

In den Werken des *Xenophons* herrscht eine abergläubische, und in *Platons* eine schwärmerische Andacht; eine Ader ähnlicher Empfindungen läuft daher durch alle Theile dieser mimischen Arbeit. Es würde mir am leichtesten gewesen seyn denen *Heyden* in ihrer Freymüthigkeit hierin näher zu kommen; ich habe mich aber bequemen müssen meiner Religion den Schleyer zu borgen, den ein patriotischer *St. John* und platonischer *Shaftesbury* für ihren Unglauben und Misglauben gewebt haben.

4. *Analogy*, man's surest guide below. *Young*. Night 6.

1 f. Kunstrichter: Kritiker.

2-7. »Und wird sich nicht übel hieher schicken dasjenige zu erzehlen, was er [Sokrates] einsmals dem Euripidi sehr artig antwortete, als dieser wissen wolte, was doch seine Meynung über den Büchern des Heraclidis wäre ... Was ich davon verstanden habe, sagte Socrates, dünckt mich sehr gut zu seyn, ich will glauben, daß auch das, was ich nicht habe verstehen können, nicht schlimmer seyn werde. Aber dieser Autor ist eines Lesers benöthiget, der wohl schwimmen kan« (*Das Leben Socratis* ... nebst Xenophons ... *Beschreibung der Merckwürdigen Dinge des Socrates* ... Aus dem Frantzösischen des Herrn Charpentier ... übersetzt von Christian Thomas. Halle [2]1720, S. 26). Diogenes Laertius II 22.

9. *Elegie* vom Philosophen: Heraklit wurde ›der weinende Philosoph‹ genannt.

16 f. Und dieser zu allem so gelehrige Mensch konnte nicht schwimmen (Suetons Kaiserbiographien IV 54).

Sokrates war, meine Herren, kein gemeiner Kunstrichter. Er unterschied in den Schriften des Heraklitus, dasjenige, was er nicht verstand, von dem, was er darin verstand, und that eine sehr billige und bescheidene Vermuthung von dem Verständlichen auf das Unverständliche. Bey dieser Gelegenheit redete Sokrates von *Lesern*, welche *schwimmen*[5] könnten. Ein Zusammenfluß von Ideen und Empfindungen in jener lebenden *Elegie* vom Philosophen machte desselben Sätze vielleicht zu einer Menge kleiner Inseln, zu deren Gemeinschaft *Brücken* und Fähren der Methode fehlten.

Da Sie beyde meine Freunde sind; so wird mir Ihr partheyisch Lob und Ihr partheyischer Tadel gleich angenehm seyn. Ich bin etc.

5. Atque hic tam docilis ad cetera, natare nesciit. Sueton de Caligula.

4. Staatsminister: Richelieu.
6. Anspielung auf Voltaires *Le Siècle de Louis XIV (1751).*
10. Der römische Kaiser Julian Apostata (der Abtrünnige), der 361–363 regierte, war christlich erzogen worden, entwarf aber ein Projekt zur Wiederherstellung des Heidentums in der Form des Neuplatonismus. Er soll bei seinem Tod ausgerufen haben: »Endlich hast du gesiegt, Galiläer.«
20. Reliquien: Relikte.
20. Pygmalion verliebte sich in eine von ihm aus Elfenbein geschaffene Statue eines Weibes; Aphrodite erweckte sie auf sein Bitten zum Leben.
22. Witz: Esprit, Geist.
32. In den modernen Bibelausgaben 2, 19.

[62]

# Sokratische Denkwürdigkeiten.

## *Einleitung.*

Der Geschichte der Philosophie ist es wie der Bildsäule des französischen Staatsministers ergangen. Ein grosser Künstler[6] zeigte seinen Meissel daran; ein Monarch[7], der *Name* eines ganzen Jahrhunderts, gab die Unkosten zum Denkmal und bewunderte das Geschöpf seines Unterthanen; der Scythe[8] aber, der auf sein Handwerk reisete, und wie Noah oder der Galiläer des Projektmachers, Julians, ein *Zimmermann* wurde, um der Gott seines Volks zu seyn, dieser Scythe begieng eine Schwachheit, deren Andenken ihn allein verewigen könnte. Er lief auf den Marmor zu, both grosmüthig dem stummen[9] Stein die Hälfte seines weiten Reichs an, wenn er ihn lehren wollte, die andere Hälfte zu regieren. Sollte unsere Historie Mythologie werden; so wird diese Umarmung eines leblosen Lehrers, der ohne Eigennutz Wunder der Erfüllung gethan, in ein Mährchen verwandelt seyn, das den Reliquien von Pygmalions Leben ähnlich sehen wird. Ein *Schöpfer seines Volkes* in der Sprache unsers Witzes wird nach einer undenklichen Zeit eben so poetisch verstanden werden müssen, als ein *Bildhauer seines Weibes.*

Es giebt in dem Tempel der Gelehrsamkeit würklich einen Götzen, der unter seinem Bilde die Aufschrift der *philosophischen Geschichte* trägt; und dem es an Hohenpriestern und Leviten nicht gefehlt.

6. Girardon.
7. Ludwig XIV.
8. Peter der Große.
9. Habacuc III, 19.

1. Thomas Stanley, *History of Philosophy* I-III (1655–62).

1. Johann Jacob Brucker, *Historia critica Philosophiae* I-IV (1742–44). Er veröffentlichte auch einen *Ehrentempel der deutschen Gelehrsamkeit, in welchem die Bildnisse gelehrter Männer unter den Deutschen aus dem 15. 16. und 17. Jahrhundert ausgestellet werden, mit Bildnissen von J. J. Haid* (Augsburg 1747).

3-5. Der griechische Maler Zeuxis nahm für sein Helenabild die schönsten Körperteile der fünf schönsten Jungfrauen der Stadt Kroton zum Modell.

8 f. Chimären: Hirngespinste. Hamann schließt sich hier dem Spott Bolingbrokes über die gelehrten Stoffhuber und Kompilatoren an. Er ahmt in der ›Einleitung‹ den »Schwung und Ton des gelehrten Haufens« nach, vgl. S. 21, 10 f., und zwar »für die lange Weile«, d. h. ironisch und spöttisch, um sich die Zeit zu vertreiben, die er nach Ansicht seiner Freunde vergeudete.

18. A. F. B. Deslandes, *Histoire Critique de la Philosophie* I-III (1737).

18. encyclisch: Im Erstdruck stand »encyclopischen Witz«. Dazu *Wolken* (N II 94, 11-25): »Ungeachtet die Anzahl der Druckfehler in unsern vorhabenden vier Bogen stark genug, und zu stark ist für eine Schrift, die aus lauter Algebra und Ziefern besteht; so bemerke ich doch nur denjenigen *Unsinn*, der bey der Recension von dem *encyclischen* Geschmack der Franzosen mit untergelaufen. Dies kryptische Beywort scheint mir auf eine *gewiße* Stelle Julians zu zielen, wo dieser gekrönte Weltweise den jüdischen Schriftstellern einen großen Geist nicht abspricht, jedoch an ihnen auszusetzen findt, daß es denselben an der *encyclischen* Literatur der Griechen fehle. Man beschuldigt nehmlich diese Nation, daß sie das Heiligthum der Wißenschaften gemein gemacht, die *Poesie* eines *Originalgedankens* in die flüßige Prose der Coffeekreyse und Spieltische ziemlich übersetzt, aber gröstentheils ersäuft hätten, und daß die Geheimniße *morgenländischer Weisheit* auf ihrem Grund und Boden zu schmackhaften Mährchen und faßlichen Systems ausgeartet wären.« Encyclisch heißt umfassend, aber der Kommentar in den *Wolken* zeigt, wie der Leser das Wort aufzufassen hat, mit dem Hamann auf die ›Cyclopen‹ und die ›Encyclopédie‹ anspielt.

19 f. eine chinesische ... Geschmacks: Anspielung auf die Vorliebe des verfeinerten französischen Rokokos für zierliche und niedliche Chinoiserien.

*Stanley* und *Brucker* haben uns Kolossen geliefert, die eben so sonderbar und unvollendet sind als jenes Bild der Schönheit, das ein Grieche aus den Reitzen aller Schönen, deren Eindruck ihm Absicht und Zufall verschaffen konnte, zusammensetzte. Meisterstücke, die von *gelehrten* Kennern der Künste immer sehr möchten bewundert und *gesucht*; von Klugen hingegen als abentheuerliche Gewächse und Chimären in der Stille belacht oder auch für die lange Weile und in theatralischen Zeichnungen nachgeahmt werden.

Weil *Stanley* ein Britte und *Brucker* ein Schwabe ist: so haben sie beyde die lange Weile des Publicums zu ihrem Ruhm vertrieben; wiewohl das Publicum
[63] auch für die Gefälligkeit, womit es die ungleichen Fehler dieser Nationalschriftsteller übersehen, gelobt zu werden verdient.

*Deslandes*, ein Autor von *encyclischen*[10] Witz hat eine chinesische Kaminpuppe für das Kabinet des gallicanischen Geschmacks hervorgebracht. Der

10. S. Wolken [N II 94, 11-25].

1. Mit »der *schönen Natur*« spielt Hamann auf den Grundsatz der klassischen französischen Ästhetik von der ›Nachahmung der schönen Natur‹ an, d. h. einer streng auswählenden und idealisierenden Darstellung der Wirklichkeit im Kunstwerk. Nach Hamann ist diese ›schöne Natur‹ keineswegs die eigentlich wahre, sondern eine verfälschte Natur, und diese Naturauffassung hat aus den »grösten Köpfen« einäugige Sklaven gemacht, deren Werke wohl sprühen, aber in Wirklichkeit wirkungsloses Feuerwerk sind. Wie das Zitat aus den *Wolken* zeigt, denkt Hamann an die Enzyklopädisten Voltaire, Diderot und d'Alembert, die mit ihrem Unternehmen die Ergebnisse der Aufklärungsphilosophie unter das Volk bringen wollten. Kant suchte Hamann zum Übersetzen einiger der erschienenen Artikel zu bewegen, was dieser ablehnte (vgl. ZH I 374, 12-30).

21. ως . . . αποσταθεις: wie ein Maler, der zurücktritt (Euripides, *Hekuba* 807).

22: Die Phrygier waren die Schwaben der Antike. Daß sie spät zu Verstand kommen, muß man nach Montesquieus *De l'Esprit des Lois* (1748) dem Klima ihres Landes zuschreiben.

22-31. Nach rationalistischer Theorie sind die Fabeldichter Popularisatoren theoretisch erkannter, allgemeingültiger, philosophischer oder moralischer Wahrheiten, die sie den Ungebildeten durch die nachträglich erfundene Fabel anschaulich-bildlich mitteilen – oder aber sie sind selber ›natürliche Tröpfe‹, die keiner philosophischen Erkenntnis fähig sind. Nach Hamann ist die Wahrheit situationsgebunden, wird in jedem Menschen ›geboren‹, vgl. den ›Ersten Abschnitt‹. Wenn die Fabeldichter eine Wahrheit aus einem konkreten Vorfall hervorgehen lassen, sind sie der Wirklichkeit näher als die Philosophiehistoriker, denn die Lehren der Philosophen hängen nach Hamann von ihrer konkreten geschichtlichen Existenz ab.

25. Jean de La Fontaine (1621–95), französischer Fabeldichter. *240 Fables* (1668–94) nach Äsop, Phädrus u. a. Witzig-ironisch.

34: Eine weitere Anspielung auf die Empörung der Freunde über den Müßiggang Hamanns. Argus war hundertäugig.

Schöpfer der *schönen Natur* scheint die grösten Köpfe Frankreichs, wie Jupiter ehmals die Cyclopen zur Schmiede der Strahlen und Schwärmer verdammt zu haben, die er zum tauben Wetterleuchten und ätherischen Feuerwerken nöthig hat.

Aus denen Urtheilen, die ich über alle diese ehrliche und feine Versuche von einem kritischen System der philosophischen Geschichte gefällt, läßt sich mehr als wahrscheinlich schlüßen, daß ich keines davon gelesen; sondern blos den Schwung und Ton des gelehrten Haufens nachzuahmen, und denenjenigen, zu deren Besten ich schreibe, durch ihre Nachahmung zu schmäucheln suche. Unterdessen glaube ich zuverläßiger, daß unsere Philosophie eine andere Gestalt nothwendig haben müste, wenn man die Schicksale dieses Namens oder Wortes: *Philosophie*, nach den Schattierungen der Zeiten, Köpfe, Geschlechter und Völker, nicht wie ein Gelehrter oder Weltweiser selbst, sondern als ein müßiger[11] Zuschauer ihrer olympischen Spiele studiert hätte oder zu studieren wüste ως γραφευς τ' αποσταθεις[12].

Ein *Phrygier*, wie Äsop, der sich nach den Gesetzen seines *Klima*, wie man jetzt redt, Zeit nehmen muste, klug zu werden, und ein so natürlicher Tropf, als ein La Fontaine, der sich besser in die Denkungsart der Thiere als der Menschen zu schicken und zu verwandeln wuste, würden uns an statt gemalter Philosophen oder ihrer zierlich verstümmelter Brustbilder, ganz andere Geschöpfe zeigen, und ihre Sitten und Sprüche, die Legenden ihrer Lehren und Thaten mit Farben nachahmen, die dem Leben näher kämen.

Doch sind vielleicht die philosophischen Chroniken und Bildergallerien weniger zu tadeln, als der

11. Ein Mensch *ohne Geschäfte* heißt auf griechisch *Argus*.
12. Eurip. Hecuba.

11-14. Der mazedonische Jüngling ist Alexander der Große, der blinde Minnesänger Homer. Beide Anekdoten bei Plutarch.

14-24. »Wie die vom niedern Stand die lieben Heilgen flehn;
So ruf die Weisen an, von Rom und von Athen,
Die Gott im Heidenthum zum Unterricht beseelte
Wie er dem jüdschen Volk Propheten auserwählte ...
Freund, fürchte nicht in mir den schmeichelnden Poeten.
Erasmus ward versucht, St. Socrates* zu beten.
Ich gehe nicht so weit. Doch jene Weisenschar,
Ist meyn geweyhter Schutz, meyn Trost bis zum Altar.

* Vix mihi tempero, quin dicam: Sancte Socrates, ora pro nobis. In conviv. religioso.«

(Ich enthalte mich kaum, ›Heiliger Sokrates, bitte für uns‹ auszurufen.)

*Des Hrn. G. L. von Bar poetische Werke. Aus dem Französischen übersetzt.* Tome II, Berlin 1756, S. 62. Die Verse stehen in einem Gedicht an Thomas Diafoirus, eine Figur aus Molières Komödie *Le Malade Imaginaire.* Hamann übersetzt fast den französischen Grundtext: »Qui le Ciel aux Gentils choisit pour Interprêtes / Tout comme au Peuple Juif il donna les Prophetes.«

20. Wolke dieser Zeugen: Hebr. 12, 1.

28 f. Gottes ... Gottheit: Röm. 1, 20.

29 u. 25, 1. Wer ... glaubt: Luk. 16, 29.

30-36. Sollte der heilige Thomas, der Scholastiker, nicht zum *Apostel* der Peripatetiker auserwählt worden sein, die noch nicht wirklich unterworfen und gezähmt worden waren? Eine eingebildete und widerspenstige Gesellschaft, die sich so wenig der Autorität beugt, die sich immer auf die Vernunft beruft, die immer nach dem *Warum* fragt. – – Diese letztere *Mission* scheint mir nicht unnütz gewesen zu sein. Jean Louis Guez de Balzac (1652). Thomas von Aquino verband die vorwiegend von Augustin geprägte Theologie mit der neuentdeckten aristotelischen (peripatetischen) Philosophie.

schlechte Gebrauch, den ihre Liebhaber davon machen. Ein wenig Schwärmerey und Aberglauben würde hier nicht nur Nachsicht verdienen, sondern etwas von diesem Sauerteige gehört dazu, um die Seele zu einem philosophischen Heroismus in Gährung zu setzen. Ein durstiger Ehrgeitz nach Wahrheit und Tugend, und eine Eroberungswuth aller Lügen und Laster, die nämlich *nicht* dafür erkannt werden, noch seyn wollen; hierinn besteht der Heldengeist eines Weltweisen.

[64] Wenn Cäsar Trähnen vergießt bey der Säule des macedonischen Jünglings, und dieser bey dem Grabe Achills mit Eyfersucht an einen Herold des Ruhms denkt, wie der blinde Minnesänger war: so biegt ein Erasmus im Spott sein Knie für den heiligen Sokrates, und die hellenistische Muse unsers von Bar muß den komischen Schatten eines *Thomas Diafoirus* beunruhigen, um uns die unterirrdische Wahrheit zu predigen; daß es göttliche Menschen unter den Heyden gab, daß wir die Wolke dieser Zeugen nicht verachten sollen, daß sie der Himmel zu seinen Boten und Dollmetschern salbte, und zu eben den Beruf unter ihrem Geschlechte einweyhte, den die Propheten unter den Juden hatten[13].

Wie die Natur uns gegeben, unsere Augen zu öfnen; so die Geschichte, unsere Ohren. Einen Körper und eine Begebenheit bis auf ihre ersten Elemente zergliedern, heißt, Gottes unsichtbares Wesen, seine ewige Kraft und Gottheit ertappen wollen. Wer

13. Ce St. Thomas de l'Ecole n'auroit-il point été choisi pour etre *l'Apôtre* de la Nation des Peripateticiens, qui n'etoit pas encore bien assujettie et bien domtée? Nation presdomptueuse, et mutine, qui defère si peu à l'autorité, qui se fonde toujours en raison, qui demande toujours *pourquoi cela est.* – – Il me semble, que cette dernière *Mission* n'a pas été inutile. *Socrate Chretien* par *Balzac* Discours V.

3. Buffon, *Histoire naturelle générale et particulière* (1749–89). Vgl. ZH I 307, 10-12.
4. Montesquieu, *Considérations sur les causes de la grandeur des Romains et de leur décadence* (1734).

6 f. Sperling ... fällt: Matth. 10, 29.

11-14. den Werth ... geopfert?: Apg. 19, 19.

14-18. Wir ... lassen?: Wie Pompejus die Schriften und den Briefwechsel seines Feindes Sertorius ungelesen verbrennen ließ, um die Namen seiner heimlichen Feinde nicht zu erfahren und weitere Unruhe in Rom zu verhüten, hat Gott die Schriften seines Gegners Celsus als – so wird man wohl ›edel‹ verstehen müssen – eine Missetat des Menschengeschlechtes vertilgt (vgl. Jes. 44, 22). Celsus schrieb seine *Wahre Rede* um 180, die nur in den Zitaten der Widerlegung Origenes' *Contra Celsum* überliefert ist. Zu Pompejus vgl. Plutarch *Pompejus* 20; *Sertorius* 27.

20-22. Als Cäsar bei der Belagerung von Alexandria sein Leben durch Schwimmen retten mußte, hielt er mit der einen Hand wichtige Papiere über Wasser (Plutarch, *Caesar* 49).

32 f. Bei reichen Ernten verbrannten die Niederländer das Gewürz, um die Preise hochzuhalten.

35. *Mélanges interessans et curieux ou Abrégé d'histoire naturelle, morale, civile et politique de l'Asie, l'Afrique, l'Amérique et de Terres Polaires* (1763–65). Hamann bezieht sich auf Tome IX, S. 380.

Mose und den Propheten nicht glaubt, wird daher immer ein Dichter, wieder sein Wissen und Wollen, wie *Buffon* über die Geschichte der Schöpfung und *Montesquieu* über die Geschichte des Römischen Reichs.

Wenn kein junger Sperling ohne unsern Gott auf die Erde fällt; so ist kein Denkmal alter Zeiten für uns verloren gegangen, das wir zu beklagen hätten. Sollte seine Vorsorge sich nicht über Schriften erstrecken, da Er Selbst ein Schriftsteller geworden, und der Geist Gottes so genau gewesen den Werth der ersten verbotenen Bücher aufzuzeichnen, die ein frommer Eyfer unserer Religion dem Feuer geopfert? Wir bewundern es an Pompejus als eine kluge und edle Handlung, daß er die Schriften seines Feindes Sertorius aus dem Wege räumte; warum nicht an unserm HErrn, daß er die Schriften eines Celsus untergehen lassen? Ich meyne also nicht ohne Grund, daß Gott für alle Bücher, woran uns was gelegen, wenigstens so viel Aufmerksamkeit getragen als Cäsar für die beschriebene Rolle, mit der er in die See sprang, oder Paulus für sein Pergamen zu Troada[14].

Hatte der Künstler, welcher mit einer Linse durch ein Nadelöhr traf, nicht an einen Scheffel Linsen genung zur Übung seiner erworbenen Geschicklichkeit? Diese Frage möchte man an alle Gelehrte thun,
[65] welche die Werke der Alten nicht klüger, als jener die Linsen, zu brauchen wißen. Wenn wir mehr hätten, als uns die Zeit hat schenken wollen; so würden wir selbst genöthiget werden unsere Ladungen über Bord zu werfen, unsere Bibliothecken in Brand zu stecken, oder es wie die Holländer mit dem Gewürz zu machen[15].

14. 2 Tim. IV. 13.

15. V. Melanges interessans et curieux. Tom. X.

2. In *Aesthetica in nuce* beruft sich Hamann mehrmals auf den Begründer der empirischen Naturwissenschaft, weil Bacon an dem Gedanken einer Offenbarung Gottes in der Natur festhält.

3-6. In seinen *Letters on the Study and Use of History* bezeichnet Bolingbroke die teilweise mythologisierende ältere antike Geschichtsschreibung als unzuverlässig und ebenso glaubwürdig wie die antiken Epen und Dramen, die die gleichen Stoffe behandeln, während die moderne Geschichte ja nur von natürlichen Ursachen und nicht von dem Eingreifen eines Gottes zu berichten weiß.

8. versiegelt Buch: Jes. 29, 11. Vgl. N I 148, 19 f.: »Was für ein versiegeltes Buch ist selbst die Natur ohne die Auslegung seines Geistes und ihres Schöpfers.«

10 f. mit . . . pflügen: Richt. 14, 18.

14. Charles Pinot Duclos, *Mémoires pour servir à l'histoire des mœurs du dix-huitième siècle* (1751). Schlüsselgeschichten. Hamann spielt darauf an, daß seine *Sokratischen Denkwürdigkeiten* ebenfalls aktuelle Bezüge enthalten.

18. Thomas Blackwell, *Enquiry into the Life and Writings of Homer* (1735). Er wollte Homer geschichtlich, auf dem Hintergrund seiner Zeit und seiner Gesellschaft verstehen.

21. John Gilbert Cooper, *The Life of Socrates* (1749). Er sah Sokrates als Opfer der Intrigen gewissenloser Priester.

24-28. Die Geschichte berichtet Diogenes Laertius III 35 (Kap. 13).

25 f. und . . . hieß: Apg. 10, 6.

30 f. *Was . . . machen?:* Diogenes Laertius II 122.

34. Der Freund des Sokrates war nicht Gerber, sondern Lederschneider oder Schuster, »dergleichen *Jakob Böhme* gewesen«, verbessert sich Hamann ironisch in den *Wolken.* Hamann wollte einen typologischen Bezug zwischen dem Apostel und Sokrates herstellen.

Mich wundert daß noch keiner soviel über die Historie gewagt, als *Bacon* für die Physik gethan. *Bollingbroke* giebt seinem Schüler den Rath, die ältere Geschichte überhaupt wie die heydnische Götterlehre und als ein poetisch Wörterbuch zu studieren. Doch vielleicht ist die ganze Historie mehr Mythologie, als es dieser Philosoph meynt, und gleich der Natur ein versiegelt Buch, ein verdecktes Zeugnis, ein Räthsel, das sich nicht auflösen läßt, ohne mit einem andern Kalbe, als unserer Vernunft zu pflügen.

Meine Absicht ist es nicht, *ein Historiograph* des Sokrates zu seyn; ich schreibe blos seine Denkwürdigkeiten wie *Düclos* dergleichen zur Geschichte des XVIIIten Jahrhunderts für die lange Weile des schönen Publicums herausgegeben.

Es liesse sich freylich ein so sinnreicher Versuch über das Leben Sokrates schreiben als *Blackwell* über den Homer geliefert. Sollte der Vater der Weltweisheit nicht dieser Ehre näher gewesen seyn als der Vater der Dichtkunst? Was *Cooper* herausgegeben ist nichts als eine Schulübung, die den Eckel so wohl einer Lob- als Streit-Schrift mit sich führt.

Sokrates besuchte öfters die Werkstätte eines Gerbers[16], der sein Freund war, und wie der Wirth des Apostel Petrus zu Joppe Simon hieß. Der Handwerker hatte den ersten Einfall die Gespräche des Sokrates aufzuschreiben. Dieser erkannte sich vielleicht in denselben besser als in Platons, bey deren Lesung er gestutzt und gefragt haben soll: *Was hat dieser junge Mensch im Sinn aus mir zu machen?* – – Wenn ich nur so gut als *Simon der Gerber* meinen Held verstehe!

16. S. Wolken [N II 95, 14-27].

8. tropisch: bildlich.

11 f. Gleichheit Gottes: 1. Mose 1, 26.

14-16. Gebein ... Erde: Ps. 139, 15.

31 f. Den Sophroniscus läßt Sokrates nicht sterben (Seneca, *De beneficiis* III).

33 f. So übergieb dich also mir, als dem Sohn einer Geburtshelferin und auch selbst der Geburtshülfe kundigen (Platon, *Theaitetos* 151 b/c.).

35: »Das ist wol war, das gleich wie der leyp ist ein figur odder bild der seelen, alßo ist auch die leyplich gemeyn ein furbild dißer christenlichen, geystlichenn gemeyne« (*Von dem Papsttum zu Rom wider den hochberühmten Romanisten zu Leipzig*, 1520).

[66] *Erster Abschnitt.*

Sokrates hatte nicht umsonst einen Bildhauer[17] und eine Wehmutter zu Eltern gehabt. Sein Unterricht ist jederzeit mit den Hebammenkünsten[18] verglichen worden. Man vergnügt sich noch diesen Einfall zu wiederholen, ohne daß man selbigen als das Saamkorn einer fruchtbaren Wahrheit hätte aufgehen lassen. Dieser Ausdruck ist nicht blos tropisch, sondern zugleich ein Knäuel vortreflicher Begriffe, die jeder Lehrer zum Leitfaden in der Erziehung des Verstandes nöthig hat. Wie der Mensch nach der Gleichheit Gottes erschaffen worden, so scheint *der Leib eine Figur oder Bild der Seelen* zu seyn[19]. Wenn uns unser Gebein verholen ist, weil wir im Verborgenen gemacht, weil wir gebildet werden unten in der Erde; wie viel mehr werden unsere Begriffe im Verborgenen gemacht, und können als Gliedmassen unsers Verstandes betrachtet werden. Daß ich sie Gliedmaassen des Verstandes nenne, hindert nicht, jeden Begrif als eine besondere und ganze Geburt selbst anzusehen. Sokrates war also bescheiden genung seine *Schulweisheit* mit der Kunst eines alten Weibes zu vergleichen, welches blos der Arbeit der Mutter und ihrer zeitigen Frucht zu Hülfe kommt, und beyden Handreichung thut.

Die Kraft der Trägheit und die ihr entgegengesetzt scheinende Kraft des Stolzes, die man durch so viel Erscheinungen und Beobachtungen veranlasset worden in unserm Willen anzunehmen, bringen die Unwissenheit, und die daraus entspringende

17. Sophroniscum Socrates exspirare non patitur. Seneca de Benef. Lib. III.

18. πϱοσφεϱου ουν πϱος με ως πϱος μαιας υιον και αυτον μαιευτικον. pp. Socrates zum Thaetet im Plato.

19. Siehe die folgende Anmerkung.

18. Costume: Sitte, Brauch.

26 f. Zu den »neugekleideten Gratien« vgl. *Wolken*: »Die Betrachtung über die Bildsäulen der Gratien enthält schon eine Schutzrede derjenigen Einkleidung, die chimärischen Einfällen allein anständig ist« (N II 92, 21-23). Nach seiner eigenen Auslegung antizipiert er also mit dieser Stelle die Kritik seines verhüllenden Stils.

30. Aus *Sieben Bußpsalmen* (1525).

34 f. *Nordischer Aufseher* 1, 223 (1758).

Irrthümer und Vorurtheile nebst allen ihren schwesterlichen Leidenschaften hervor. Von dieser Seite ahmte also Sokrates seinen Vater nach, einen Bildhauer, der, *indem er wegnimmt und hauet, was am Holze nicht seyn soll, eben dadurch die Form des Bildes fördert*[20]. Daher hatten die grossen Männer seiner Zeit zureichenden Grund über ihn zu schreyen, daß er alle Eichen ihrer Wälder fälle, alle ihre Klötzer verderbe, und aus ihrem Holze nichts als *Späne* zu machen verstünde.

[67] Sokrates wurde vermuthlich ein Bildhauer, weil sein Vater einer war. Daß er in dieser Kunst nicht mittelmässig geblieben, hat man daraus geschlossen, weil zu Athen seine drey Bildsäulen der Gratien aufgehoben worden. Man war ehmals gewohnt gewesen diese Göttinnen zu kleiden; den altväterischen Gebrauch hatte Sokrates nachgeahmt, und seine Gratien wiedersprachen der Costume des damaligen Göttersystems und der sich darauf gründenden schönen Künste. Wie Sokrates auf diese Neuerung gekommen; ob es eine Eingebung seines Genius, oder eine Eitelkeit seine Arbeiten zu unterscheiden, oder die Einfalt einer natürlichen Schaamhaftigkeit gewesen, die einem andächtigen Athenienser wunderlich vorkommen muste; weiß ich nicht. Es ist aber nur gar zu wahrscheinlich, daß diese neugekleideten Gratien so wenig ohne Anfechtung werden geblieben seyn als die neugekleideten Gratien unserer heutigen Dichtkunst.

20. Worte unsers Kirchenvaters Martin Luthers, bey dessen Namen ein richtig und fein denkender Schwärmer jüngst uns erinnert hat, daß wir von diesem grossen Mann nicht nur in der deutschen Sprache, sondern überhaupt nicht so viel gelernt als wir hätten sollen und können. Klopstock im Nordischen Aufseher.

1. Übersichtigkeit: übersichtig, schon im Mhd. für eine fehlerhafte Beschaffenheit des Auges gebraucht, bei der es über den Punkt, auf den es normalerweise blicken sollte, hinwegsieht (Paul/Betz, *Deutsches Wörterbuch*).

1-12. Hamann wendet sich gegen die aufklärerischen Moralisten und Weltverbesserer, die in ihrer Verehrung für den großen Tugendlehrer und Menschenbildner (vgl. S. 29, 26-31, 10) darüber hinwegsehen, daß das menschliche Geschlecht durch die Menschwerdung Gottes aufgekommen, d. h. genesen ist. Und doch hat der Weise Sokrates mit seiner Lehre von »der überaus sündigen Unwissenheit« dem Evangelium den Weg bereitet, auf die Erlösungsbedürftigkeit des Menschen hingewiesen. Weil die Inkarnation seitdem stattgefunden hat, sind die neuen Athenienser, d. h. die Aufklärer, ärger als die alten, wie die Schriftklugen zu Christi Zeit ärger als ihre Väter waren.

3. Patrioten: In der engsten Bedeutung, eine Person, welche das allgemeine Beste auch zum Nachtheile ihres eigenen Besten befördert, welche die allgemeine Wohlfahrt ihrer eigenen vorziehet (Adelung).

7. des Zimmermanns Sohn: Matth. 13, 55.

11 f. grausamere ... Väter: Matth. 23, 30-32.

21. François Vincent Toussaint schrieb eine *Histoire des Passions* (1751), war aber auch der Verfasser der *Mœurs* (1748).

28. Der Physiognomiker Zopyros fand in Sokrates' Gesichtszügen die Anlagen zu Stumpfheit und Sinnlichkeit. Sokrates gestand, daß er diese Neigungen hatte und mit ihnen hatte kämpfen müssen (vgl. Cicero, *De fato* 10-11; *Tusc.* 80/81). Während die Aufklärung an die Tugend oder an die moralische Perfektibilität des Menschen glaubte und Sokrates idealisieren oder verdammen wollte, sah ihn Hamann als Glied der Gemeinschaft der Sünder und der Heiligen.

35. Röm. 1, 27.

Hier ist der Ort die Übersichtigkeit einiger gegen das menschliche Geschlecht und dessen Aufkommen gar zu witzig gesinnter Patrioten zu ahnden, die sich die Verdienste des Bildhauers im Sokrates so groß vorstellen, daß sie den Weisen darüber verkennen, die den Bildhauer vergöttern um desto füglicher über des Zimmermanns Sohn spotten zu können. Wenn sie in Ernst an Sokrates glauben; so sind seine Sprüche Zeugnisse wieder sie. Diese neuen Athenienser sind Nachkommen seiner Ankläger und Giftmischer, abgeschmacktere Verläumder und grausamere Mörder dann ihre Väter.

Bey der Kunst, in welcher Sokrates erzogen worden, war sein Auge an der Schönheit und ihren Verhältnissen so gewohnt und geübt, daß sein Geschmack an wohlgebildeten Jünglingen uns nicht befremden darf. Wenn man die Zeiten des Heydenthums[21] kennt, in denen er lebte; so ist es eine thörichte Mühe ihn von einem Laster weiß zu brennen, das unsere Christenheit an Sokrates übersehen sollte, wie die artige Welt an einem Toußaint die kleinen *Romane seiner Leidenschaften* als Schönfleckchen seiner *Sitten*. Sokrates scheint ein aufrichtiger Mann gewesen zu seyn, dessen Handlungen von dem Grund seines Herzens, und nicht von dem Eindruck, den andere davon haben, bestimmt werden. Er leugnete nicht, daß seine verborgene Neigungen mit den *Entdeckungen des Gesichtsdeuters* einträfen; er gestand daß dessen *Brille* recht gesehen hätte. Ein Mensch, der überzeugt ist, daß er nichts weiß, kann, ohne sich selbst Lügen zu strafen, kein Kenner seines
[68] guten Herzens seyn. Daß er das ihm beschuldigte Laster gehaßt, wissen wir aus seinem Eyfer gegen dasselbe, und in seiner Geschichte sind Merkmale

21. Röm. I.

15 f. kein Ansehen der Person: Röm. 2, 11.

18. gesunde Vernunft: Nach Hamann ist die Vernunft individuell, bedingt, wird von den Leidenschaften beeinflußt und von der Sünde verfinstert. Eine allgemeine gesunde Vernunft gibt es nicht: »Die Gesundheit der Vernunft ist der wohlfeilste, eigenmächtigste und unverschämteste Selbstruhm, durch den alles zum voraus gesetzt wird, was eben zu beweisen war, und wodurch alle freye Untersuchung der Wahrheit gewaltthätiger als durch die Unfehlbarkeit der römisch-katholschen Kirche ausgeschloßen wird« (N III 189, 18-22).

20. Muselmänner sind Deisten.

21. der *Schönste unter den Menschenkindern*: Ps. 45, 3.

23 f. Mann . . . Striemen: Jes. 53, 3; Joh. 19, 1.

24-29. »Auch die Heyden hatten ein Wörtchen von diesen Geheimnißen, in ihre Mythologie einzuflechten, vernommen. Jupiter verwandelte sich um die Gunstbezeigungen seiner rechtmäßigen Gemalinn zu genüßen, in einen elenden, von Regen träufenden, zitternden und halbtodten Guckuck – Der Jude, der Christ verwirft daher seinen König, weil er wie eine Henne um seine Keuchlein girrt, und in sanftmüthiger, elender Gestalt um die Rechte seiner Liebe wirbt. Der Heyde, der Philosoph erkennt die Allmacht, die Hoheit, die Heiligkeit, die Güte Gottes; aber von der *Demuth* seiner *Menschenliebe* weiß er nichts« (ZH I 394, 10-18). Vgl. auch ZH I 349, 11 - 353, 4 und 357, 10-14 über ein Gedicht von Moschus, in welchem er gleichfalls die Herunterlassung Gottes ausgedrückt findet. Sie bestätigt für ihn seine Erfahrung von dem »Widerspruchscharakter der Wirklichkeit« (Metzke), die er später mit dem Begriff der »coincidentia oppositorum« ausdrücken wollte. Vgl. zu dieser Stelle auch: »Hierinn bestand aber das Geheimnis der göttlichen Weisheit, Dinge zu vereinigen, die sich einander aufhoben; die sich einander widersprachen« (N I 264, 19-21).

24-29. Der Satz vom Widerspruch besagt, daß kontradiktorisch einander entgegengesetzte Urteile nicht beide zugleich wahr sein können. Verwirft man diesen Grundsatz, macht man jede weitere Erkenntnis unmöglich, d. h. man begeht ›Vatermord‹, weil die übrigen Erkenntnisse von diesem Grundsatze stammen.

34 f. Ein starker Geist, der ohne alle Vorurtheile zu denken vorgibt, im Gegensatz eines schwachen Geistes; ein Freygeist (Adelung).

seiner Unschuld, die ihn bey nahe loßsprechen. Man kann keine lebhafte Freundschaft ohne Sinnlichkeit fühlen, und eine metaphysische Liebe sündigt vielleicht gröber am Nervensaft, als eine thierische an Fleisch und Blut. Sokrates hat also ohne Zweifel für seine Lust an einer Harmonie der äusserlichen und innerlichen Schönheit, in sich selbst leiden und streiten müssen. Überdem wurden Schönheit, Stärke des Leibes und Geistes nebst dem Reichthum an Kindern und Gütern in dem jugendlichen Alter der Welt für Sinnbilder göttlicher Eigenschaften und Fußstapfen göttlicher Gegenwart erklärt. Wir denken ietzt zu abstrakt und männlich die menschliche Natur nach dergleichen Zufälligkeiten zu beurtheilen. Selbst die Religion lehrt uns einen Gott, der kein Ansehen der Person hat; ohngeachtet der Misverstand des Gesetzes die Juden an gleiche Vorurtheile hierinn mit den Heyden gebunden hielt. Ihre gesunde Vernunft, woran es den Juden und Griechen so wenig fehlte als unsern Christen und Muselmännern, stieß sich daran, daß der *Schönste unter den Menschenkindern* ihnen zum Erlöser versprochen war, und daß ein Mann der Schmerzen, voller Wunden und Striemen, der Held ihrer Erwartung seyn sollte. Die Heyden waren durch die *klugen Fabeln* ihrer Dichter an dergleichen Wiedersprüchen gewohnt; bis ihre Sophisten, wie unsere, solche als einen Vatermord verdammten, den man an den ersten Grundsätzen der menschlichen Erkenntnis begeht.

Von solchem Wiederspruch finden wir ein Beyspiel an dem Delphischen Orakel, das denjenigen für den weisesten erkannte, der gleichwol von sich gestand, daß er nichts wisse. Strafte Sokrates das Orakel Lügen, oder das Orakel ihn? Die stärksten Geister unserer Zeit haben für diesmal die Priesterinn für eine Wahrsagerinn gehalten, und sich innerlich

2. anständig: schicklich, dem Dekorum gemäß.

2. Idiot: Unwissender, Laie.

6-8. Der attische Redner und Politiker Demosthenes beschuldigte das delphische Orakel, daß es für den Mazedonierkönig Philipp, der Griechenland bedrohte, in seinen Sprüchen Partei nehme, ›philippisiere‹. In Hamanns Deutung läßt sich der delphische Apollo zu den Menschen herunter, die sich zu ihm nicht erheben können, indem er ›sokratisiert‹.

10 f. Pierre Bayle, *Lettre à M. L. A. D. C., qu'il est prouvé par plusieurs raisons tirées de la Philosophie et de la Théologie, que les Comètes ne sont point le présage d'aucun malheur* (1682).

12. das thörichste Volk: die Juden, vgl. 5. Mose 32, 6. Wenn Hamann diesen Ausdruck wählt, will er auch die Bibelkritik der Aufklärung treffen, die teilweise in Bayle ihren Ausgangspunkt hat und mit der er sich am Anfang der *Biblischen Betrachtungen* auseinandersetzt. Die Erzählungen von Wundern, die Anthropomorphismen und den volkstümlichen Stil wollte man als eine Anpassung an das Fassungsvermögen dieses primitiven, geistig und moralisch niedrigstehenden Hirtenvolkes entschuldigen: »Warum Gott dies Volk erwählt? Nicht ihrer Vorzüge wegen. Die Freygeister mögen ihre Tummheit und Bosheit in Ansehung anderer Völker so stark auszeichnen als sie wollen. Hat Gott das Evangelium nicht gleichfalls durch unwissende und unansehnliche Werkzeuge in den Augen der Welt fortpflanzen wollen?« (N I 11, 21-25.) Hamanns Auslegung ist, daß »Gott in der Hartnäckigkeit dieser Nation das traurigste Bild unserer verdorbenen Natur und in seiner Führung und Regierung desselben die grösten Proben seiner Langmuth, Gerechtigkeit und Barmherzigkeit ... zu erkennen gegeben« (N I 11, 16-20).

20-25. ostentorum ... est: daß die Kräfte der Wahrzeichen in unserer Gewalt stehen und daß sie so viel bewirken, wie wir ihnen zuschreiben. In der Lehre der Auguren steht jedenfalls der Grundsatz fest, daß weder unglück- noch glückverheißende Zeichen auf diejenigen einen Einfluß haben, die sich weigern, sie beim Beginn eines Unternehmens zu beachten. Gewiß ist dies das größte Geschenk der göttlichen Nachsicht (Plinius XXVIII 4, 17).

26. *Versuche* und *Gedanken der Mußestunden*. Beliebte Titel.

über ihre Ähnlichkeit mit dem Vater Sokrates gefreut, der es für gleich anständig hielt einen Idioten zu spielen oder Göttern zu glauben. Ist übrigens der Verdacht gegründet, daß sich Apoll nach den Menschen richte, weil diese zu dumm sind sich nach ihn zu richten: so handelt er als ein Gott, dem es leichter fällt zu philippisiren oder zu sokratisiren als uns Apollos zu seyn.

Die Überlieferung eines Götterspruches will aber so wenig als ein Komet sagen für einen Philosophen von heutigem Geschmack. Wir müssen nach seiner Meynung in dem Buche, welches das thörichste Volk auf uns gebracht, und in den Überbleibseln der Griechen und Römer, so bald es auf Orakel, Er-
9] scheinungen, Träume und dergleichen Meteoren[22] ankommt, diese Mährchen unserer Kinder und Ammen (denn Kinder und Ammen sind alle verfloßne Jahrhunderte gegen unser lebendes in der Kunst zu *erfahren* und zu *denken*)[23] absondern, oder selbige

22. Plinius lib. 28. c. 2 machte schon den Schluß: *ostentorum vires* in nostra potestate esse, ac prout quaeque accepta sint, ita valere – – In *Augurum* certe disciplina constat, neque diras neque vlla auspicia pertinere ad eos, qui quamque rem ingredientes, obseruare se ea negauerint. Quo *munere diuinae indulgentiae* maius nullum est.

23. Das heißt *Eßays* und *Pensees* der *Loisirs* zu schreiben.

1. Die ›Alpendichter‹ sind vermutlich Albrecht von Haller und seine Nachahmer, die ›Schnörkel‹ die Naturbeschreibungen als Ausschmückung der theologisch-philosophischen Lehren.

4. *einer ihrer Propheten:* Mark. 6, 15.

5. Kreter: Tit. 1, 12-14.

16 f. Mit ›unsere Empyriker‹ meint Hamann Leute, die von der Tatsache der Wunder ausgehen.

23-28. Die älteste und meiste Philosophie unter den Hellenen ist in Kreta und Lakedaimon. Auch die meisten Sophisten sind dort zu Lande, aber sie verläugnen es und stellen sich unwissend, damit sie nicht bekannt dafür werden, daß sie die übrigen Hellenen an Weisheit übertreffen (Platon, *Protagoras 342 a/b).*

29-33. Als nun Kritias dies hörte und mich rathlos sah, dünkte es mich, daß gerade wie denen, welche einen Andern gegenüber gähnen sehen, dasselbige zu begegnen pflegt, so auch er von mir dem rathlosen überwältigt selbst in Rathlosigkeit gefangen war (Platon, *Charmides* 169 c).

35. Act. V: Apg. 5, 34-38.

als die Schnörkel unserer Alpendichter bewundern. Gesetzt, dieses würde alles so reichlich eingeräumt; als man unverschämt seyn könte es zu fordern: so wird *Bayle*, *einer ihrer Propheten*, zu dessen Füssen diese Kreter[24] mit so viel Anstand zu gähnen[25] gewohnt sind, weil ihr *Gamaliel*[26] gähnt, diesen Zweiflern antworten; daß, wenn alle diese Begebenheiten mit dem Einfluß der Gestirne in gleichem Grade der Falschheit stehen, wenn alles gleichartig erlogen und erdacht ist, dennoch der Wahn, die Einbildung und der Glaube daran zu ihrer Zeit und an ihrem Ort würklich grössere Wunder veranlaßt habe und veranlassen könne, als man den Kometen, Orakelsprüchen und Träumen selbst jemals zugeschrieben hat noch zuschreiben wird. In diesem Verstande sollten aber die Zweifler mehr Recht als unsere Empyriker behalten, weil es menschlicher und Gott anständiger aussieht, uns durch unsere eigene Grillen und Hirngespinste, als durch eine so entfernte und kostbare *Maschinerey* wie das Firmament[27] und die Geisterwelt[28] unseren blöden Augen vorkommt, zu seinen Absichten zu regieren.

24. Φιλοσοφια εστι παλαιοτατη τε και πλειστη των Ελληνων εν Κρητῃ τε και εν Λακεδαιμονι, και σοφισται πλειστοι γης εκει εισιν· αλλ᾽ εξαρνουνται και σχηματιζονται αμαθεις ειναι, ινα μη καταδηλοι ωσιν, οτι σοφιᾳ των Ελληνων περιεισιν. Sokrates in Platons *Protagoras.*

25. Critias in Platons *Charmides.* ο Κριτιας ακουσας ταυτα και ιδων με απορουντα, ωσπερ οι τους χασμωμενους κατ᾽ αντικρυ ορωντες ταυτον τουτο ξυμπασχουσι, κακεινος εδοξε μοι υπ᾽ εμου απορουντος αναγκασθηναι και αυτος αλωναι υπο αποριας.

26. Bayle eyferte für die Religionsduldung wie dieser Pharisäer Act. V.

27. Matth. II. 2.

28. Luc. II. 9. 13.

6. griech. κρινειν: urteilen.
14. frech: die Gesetze des Wohlstandes ... und der guten Sitten ohne Scheu verletzend (Adelung).
16. Klient: Schutzbefohlener.
24: scheinen: erscheinen, sich zeigen, d. h. ohne Gegensatz zu ›sein‹. ›unwissend zu scheinen‹ ist auf ›Schande‹ zu beziehen.
31-34. Wenigstens, Menon, scheint es fast, daß wir Beide, ich und du, eben nicht sonderliche Leute sind, und daß weder dich Gorgias gehörig unterrichtet hat noch mich Prodikos (Platon, *Menon* 96 d).

[70] ## *Zweyter Abschnitt.*

Ein Mann, der Geld zu verlieren hatte, und vermuthlich auch Geld zu verlieren verstand, den die Geschichte *Kriton* nennt, soll die Unkosten getragen haben unsern Bildhauer in einen Sophisten zu verwandeln. Wer der etymologischen Mine seines Namens traut, wird diesen Anschlag einem weitsehenden Urtheil, ein leichtgläubiger Schüler der täglichen Erfahrung hingegen einem blinden Geschmack an Sokrates zu schreiben.

Die Reyhe der Lehrmeister und Lehrmeisterinnen, die man dem Sokrates giebt, und die Kriton ohne Zweifel besolden muste, ist ansehnlich genung; und doch blieb Sokrates *unwissend*[29]. Das freche Geständniß darin war gewissermassen eine Beleidigung, die man aber dem aufrichtigen Klienten und Kandidaten scheint vergeben zu haben, weil sie auf ihn selbst am schwersten zurück fiel. Das *Loos* der Unwissenheit und die Blöße derselben macht eben so unversöhnliche Feinde als die Überlegenheit an Verdiensten und die Schau davon. War Sokrates wirklich unwissend, so muste ihm auch die Schande unwissend seyn, die vernünftige Leute sich ergrübeln, unwissend zu scheinen.

Ein Mensch, der nichts weiß und der nichts hat, sind Zwillinge eines Schicksals. Der Fürwitzige und Argwöhnische zeichnen und foltern den ersten als einen *Betrüger*; wie der Gläubiger und Räuber den letzten, unterdessen der Bauerstolz des reichen Polyhistors beyde verachtet. Eben daher bleibt die phi-

29. κινδυνευομεν, ω Μενων, εγω τε και συ φαυλοι τινες ειναι ανδϱες, και σε τε Γοϱγιας, ουχ ικανως πεπαιδευκεναι και εμε Πϱοδικος. Sokrates in Platons *Menon.*

5 f. Hamann denkt an die sich abwechselnden Systeme der Naturwissenschaft und die Bedeutung dieser Systeme für den Glauben: »Ich weiß daß es meinen Freunden wie dem Alphonsus geht, der ein falsches Schul- und Zeit-System für den Plan der Natur ansahe, und durch diesen Irrthum sich klüger dünkte als der Baumeister« (ZH I 344, 26-28). Alphonsus von Kastilien ist auch »jener gekrönte Sternkundige« in den *Biblischen Betrachtungen*, der »das Ptolomäische System oder seine Erklärung des Sternlaufes für den wahren Himmelsbau« ansah (N I 10, 9-11), d. h. Stern- und Staatsseher.

12. Sympathie: die Eigenschaft eines lebendigen Wesens, vermöge welcher die Vorstellung des Zustandes eines Dinges ähnliche Empfindungen in uns hervor bringet, und diese ähnlichen Empfindungen selbst: besonders in engerm Verstande, so fern sie auf undeutliche Begriffe gegründet ist, oder aus uns unbekannten Gründen herrühret (Adelung).

21 f. Apollon wurde in der antiken Dichtung ›der Goldhaarige‹ genannt.

34. Denn ihr seht doch, daß Sokrates verliebt ist in die Schönen und immer um sie her und außer sich über sie, und wiederum daß er in allem unwissend ist und nichts weiß, wie er sich ja immer anstellt (Platon, *Das Gastmahl* 216 d).

35. Platon, *Charmides* 164 d - 165 b; *Apologie* 20 e - 21 b.

losophische Göttin des Glücks eine bewährte Freundinn des Dummen, und durch ihre Vorsorge entgehen die Einfälle des Armen den Motten länger als blanke Kleider und rauschende Schlafröcke, als die Hypothesen und Formeln der Kalender-System- und Projektmacher der Stern- und Staatsseher.

Sokrates scheint von seiner Unwissenheit[30] so viel geredt zu haben als ein Hypochondriaker von seiner eingebildeten Krankheit. Wie man dies Übel selbst kennen muß um einen Milzsüchtigen zu verstehen und aus ihm klug zu werden; so gehört vielleicht eine Sympathie der Unwissenheit dazu von der sokratischen einen Begrif zu haben.

*Erkenne dich selbst!*[31] sagte die Thür jenes berühmten Tempels allen denen, die hereingiengen [71] dem Gott der Weisheit zu opfern und ihn über ihre kleinen Händel um Rath zu fragen. Alle lasen, bewunderten und wusten *auswendig* diesen Spruch. Man trug ihn wie der Stein, in den er gegraben war, vor der Stirn, ohne den Sinn davon zu begreifen. Der Gott lachte ohne Zweifel unter seinen güldenen Bart, als ihm die küzliche Aufgabe zu Sokrates Zeiten vorgelegt wurde: Wer der weiseste unter allen damals lebenden Menschen wäre? *Sophokles* und *Euripides* würden nicht so grosse Muster für die Schaubühne, ohne Zergliederungskunst des menschlichen Herzens, geworden seyn. *Sokrates* übertraf sie aber beyde an Weisheit, weil er in der Selbsterkenntnis weiter als jene gekommen war, und wuste, daß er nichts wuste. Apoll antwortete jedem schon vor der Schwelle; wer weise wäre und wie man es werden könne? jetzt war die Frage übrig: Wer Sich Selbst erkenne? und woran man sich in

30. Alcibiades in Platons Symposio.

31. Kritias in Platons Charmides.

13. Aus *Allein Gott in der Höh sei Ehr* von Nikolaus Decius.

27-29. 1. Mose 3, 5. 22. Dazu ZH I 339, 32-340, 1: »so braucht der Christ die Ironie um den Teufel damit zu züchtigen. Diese Figur ist die erste in seiner Redekunst gewesen; und mit dieser Figur führte Gott die ersten Eltern zum Paradiese heraus; nicht sie sondern ihren Verführer damit zu spotten. Für die ersten mag dieser Einfall vielleicht damals verloren gewesen seyn, oder sehr dunkel geblieben, wenn ihn der Glaube nicht aufgeklärt; der letzte mag ihn zu seiner Unruhe mehr nachgedacht haben.« In Hamanns Auslegung verkündet Gott mit diesen Worten den neuen Adam, den Gottmenschen Christus, und macht mit einer Art dramatischer Ironie den Teufel zum Propheten.

29 f. Alles ist eitel!: Pred. 1, 2.

31-33. Chairephon die Fledermaus (Aristophanes, *Die Vögel* 1564) – – – Sokrates der Melier und Chairephon, der die Fußstapfen der Flöhe kennt (Aristophanes, *Die Wolken* 830 f.).

34. Apg. 14, 17.

dieser Prüfung zu halten hätte? *Geh, Chärephon*[32], *lern es von Deinem Freunde.* Kein Sterblicher kann die Achtsamkeit und Entäusserung eines Lehrmeisters sittsamer treiben, als womit Apoll seine Anbeter zum Verstande seiner Geheimniße gängelte. Alle diese Winke und Bruchstücke der ältesten Geschichte und Tradition bestätigen die Beobachtung, welche Paulus und Barnabas den Lykaoniern vorhielten, daß Gott auch unter ihnen sich selbst nicht *unbezeuget* gelassen, auch ihnen vom Himmel *Regen und fruchtbare Zeiten* gegeben[33]. Mit wie viel Wahrheit singt also nicht unsere Kirche:

Wohl uns des *feinen* HErren!

Ein sorgfältiger Ausleger muß die Naturforscher nachahmen. Wie diese einen Körper in allerhand willkührliche Verbindungen mit andern Körpern versetzen und künstliche Erfahrungen erfinden, seine Eigenschaften auszuholen; so macht es jener mit seinem Texte. Ich habe des Sokrates Sprüchwort mit der Delphischen Überschrift zusammen gehalten; jetzt will ich einige andere Versuche thun, die Energie desselben sinnlicher zu machen.

Die Wörter haben ihren Werth, wie die Zahlen von der Stelle, wo sie stehen und ihre Begriffe sind in ihren Bestimmungen und Verhältnissen, gleich den Münzen nach Ort und Zeit wandelbar. Wenn
[72] die Schlange der Eva beweiset: *Ihr werdet seyn wie Gott*, und Jehova weissagt: *Siehe! Adam ist worden als Unser einer;* wenn Salomo ausruft: *Alles ist eitel!* und ein alter Geck es ihm nachpfeift: so sieht

32. Χαιρεφων η νυκτερις *Aristoph.* Ορνιθες – – Σωκρατης ο Μηλιος και Χαιρεφων, ος οιδε τα ψυλλων ιχνη. Id.
33. Apostelgesch. XIV.

12. neugierigen Athenienser: Apg. 17, 21.
32. fein: geschickt, bey seinen Handlungen seine wahre Absicht zu verbergen (Adelung).

man, daß einerley Wahrheiten mit einem sehr entgegen gesetzten Geist ausgesprochen werden können.

Überdem leidet jeder Satz, wenn er auch aus einem Munde und Herzen quillt, unendlich viel Nebenbegriffe, welche ihm die geben, so ihn annehmen, auf eben die Art als die Lichtstrahlen diese oder jene Farbe werden nach der Fläche, von der sie in unser Auge zurück fallen. Wenn Sokrates dem Kriton durch sein: *Nichts weiß ich!* Rechenschaft ablegte, mit eben diesem Worte die gelehrten und neugierigen Athenienser abwieß, und seinen schönen Jünglingen die Verleugnung ihrer Eitelkeit zu erleichtern, und ihr Vertrauen durch seine Gleichheit mit ihnen zu gewinnen suchte: so würden die Umschreibungen, die man nach diesem dreyfachen Gesichtspunkte von seinem Wahlspruche machen müste, so ungleich einander aussehen, als bisweilen drey Brüder, die Söhne eines leiblichen Vaters sind.

Wir wollen annehmen, daß wir einem Unbekannten ein Kartenspiel anböthen. Wenn dieser uns antwortete: *Ich spiele nicht;* so würden wir dies entweder auslegen müssen, daß er das Spiel nicht verstünde, oder eine Abneigung dagegen hätte, die in ökonomischen, sittlichen oder andern Gründen liegen mag. Gesetzt aber ein ehrlicher Mann, von dem man wüste, daß er alle mögliche Stärke im Spiel besässe und in den Regeln so wohl als verbotenen Künsten desselben bewandert wäre, der ein Spiel aber niemals anders als auf den Fuß eines unschuldigen Zeitvertreibes lieben und treiben könnte, würde in einer Gesellschaft von feinen Betrügern, die für gute Spieler gelten, und denen er von beyden Seiten gewachsen wäre, zu einer Parthey mit ihnen aufgefordert. Wenn dieser sagte: *Ich spiele nicht*, so würden wir mit ihm den Leuten ins Gesicht sehen müssen, mit denen er

20. Dorn: 4. Mose 33, 55.

24 f. In der Mitte (Nabel) ihres Brustpanzers (Ägis) trug Athene den Kopf der Medusa, deren Haare Schlangen waren.

26. *Empfindung:* Das Wort schillerte im Sprachgebrauch der Zeit zwischen ›perceptio‹, ›sensatio‹ und ›emotio‹, weshalb man auch ›Empfindniß‹ zur Bezeichnung der letzteren Bedeutung einführen wollte. Hamann will hier nicht das Gefühlsmäßige, sondern die unmittelbare, unreflektierte Wahrnehmung oder Erfahrung eines Zustandes ausdrücken.

31-33. Der Esel hatte sich in ein Löwenfell gehüllt, verriet sich aber durch Stimme und Ohren (Äsop, *Fabeln* 276).

redet, und seine Worte also ergänzen können: »*Ich spiele nicht*, nämlich, mit solchen als ihr seyd, welche die Gesetze des Spiels brechen und das Glück desselben stehlen. Wenn ihr ein Spiel anbiethet; so ist unser gegenseitiger Vergleich den Eigensinn des Zufalls für unsern Meister zu erkennen, und ihr nennt die Wissenschaft eurer geschwinden Finger *Zufall*, und ich muß ihn dafür annehmen, wenn ich will, oder die Gefahr wagen euch zu beleidigen, oder die Schande wählen euch nachzuahmen. Hättet ihr mir den Antrag gethan mit einander zu versuchen, wer der beste Taschenspieler von uns in Karten wäre; so hätte ich anders antworten, und vielleicht mitspielen [73] wollen, um euch zu zeigen, daß ihr so schlecht gelernt habt Karten *machen*, als ihr versteht die euch gegeben werden nach der Kunst zu werfen.« In diese rauhe Töne läßt sich die Meynung des Sokrates auflösen, wenn er den Sophisten, den Gelehrten seiner Zeit, sagte: Ich weiß nichts. Daher kam es, daß dies Wort ein Dorn in ihren Augen und eine Geissel auf ihren Rücken war. Alle *Einfälle* des Sokrates, die nichts als *Auswürfe* und *Absonderungen* seiner *Unwissenheit* waren, schienen ihnen so fürchterlich als die Haare an dem Haupte Medusens, dem Nabel der Egide.

Die Unwissenheit des Sokrates war *Empfindung*. Zwischen Empfindung aber und einen Lehrsatz ist ein grösserer Unterscheid als zwischen einem lebenden Thier und anatomischen Gerippe desselben. Die alten und neuen Skeptiker mögen sich noch so sehr in die Löwenhaut der sokratischen Unwissenheit einwickeln; so verrathen sie sich durch ihre *Stimme* und *Ohren*. Wissen sie nichts; was braucht die Welt einen gelehrten Beweis davon? Ihr Heucheltrug ist lächerlich und unverschämt. Wer aber so viel Scharfsinn und Beredsamkeit nöthig hat sich selbst von

4-6. Grundsatz der Philosophie David Humes, die Hamann während der Arbeit an den *Sokratischen Denkwürdigkeiten* eifrig studierte (vgl. ZH I 355, 25-356, 26). Die da erwähnten ›Versuche‹ sind *Philosophical Essays concerning Human Understanding* (1748). Nach Hume kann ein Beweis weder für eine von unserer Wahrnehmung unabhängig bestehende äußere Wirklichkeit noch für den Fortbestand eines mit sich selbst identischen Ichs geführt werden, aber wir glauben instinktmäßig daran, und dieser Glaube ist Voraussetzung für unsere alltägliche menschliche Existenz.

10 f. wie ... müsse: Ps. 90, 12.

21. Lehnsatz: in der Logik, ein Satz, welchen man aus einer andern Wissenschaft zu seiner gegenwärtigen Absicht entlehnt hat (Adelung).

23. Rabulist: ein geschwätziger und dabey ränkvoller Sachwalter, welcher den Sinn des Gesetzes nach seinem Vortheile zu drehen weiß; ein Zungendrescher (Adelung).

27. *Schmecken* und *Sehen*: Ps. 34, 9.

28 f. Denn der Lernende muß glauben (Aristoteles, *Sophistische Widerlegungen* 165 b).

30-32. Wir sollen zwei Arten der Überredung setzen, die eine welche Glauben hervorbringt ohne Wissen (auf Glauben abzielende Überredung), die andere aber welche Erkenntnis (auf Belehrung abzielende Überredung) (Platon, *Gorgias* 454 e bzw. 455 a).

33-36. Der lateinische Kirchenschriftsteller Lactanz († nach 317) berichtet über einen Theombrotus, der nach der Lektüre von Platon sich das Leben nahm, welche Geschichte Augustin wiederholt. Cicero berichtet von dem Philosophen Hegesias, dessen Vorträge über die Unsterblichkeit der Seele so viele Selbstmorde auslösten, daß ihm das Reden über dieses Thema verboten wurde.

seiner Unwissenheit zu überführen, muß in seinem Herzen einen mächtigen Wiederwillen gegen die Wahrheit derselben hegen.

Unser eigen Daseyn und die Existentz aller Dinge ausser uns muß geglaubt[34] und kann auf keine andere Art ausgemacht werden. Was ist gewisser als des Menschen Ende, und von welcher Wahrheit gibt es eine allgemeinere und bewährtere Erkenntnis? Niemand ist gleichwol so klug solche zu glauben, als der, wie Moses zuverstehen giebt, von Gott selbst gelehrt wird zu bedenken, daß er sterben müsse. Was man glaubt, hat daher nicht nöthig bewiesen zu werden, und ein Satz kann noch so unumstößlich bewiesen seyn, ohne deswegen geglaubt zu werden. Es giebt Beweise[35] von Wahrheiten, die so wenig taugen als die Anwendung, die man von den Wahrheiten selbst machen kann[36]; ja man kann den Beweiß eines Satzes glauben ohne dem Satz selbst Beyfall zu geben. Die Gründe eines *Hume* mögen noch so triftig seyn, und ihre Wiederlegungen im-
[74] merhin lauter Lehnsätze und Zweifel: so gewinnt und verliert der Glaube gleich viel bey dem geschicktesten Rabulisten und ehrlichsten Sachwalter. Der Glaube ist kein Werk der Vernunft und kann daher auch keinem Angrif derselben unterliegen; weil *Glauben* so wenig durch Gründe geschieht als *Schmecken* und *Sehen*.

34. Δει γαρ πιστευειν τον μανθανοντα. Aristoteles περι σοφιστικων ελεγχ lib. I. cap. 2.

35. Δυο ειδη θωμεν πειθους, το μεν πιστιν παρεχομενον ανευ του ειδεναι (πειθους πιστευτικης) το δε επιστημην (πειθους διδασκαλικης) Sokrates in Platons Gorgia.

36. Ein Philosoph laß über die Unsterblichkeit der Seelen so überzeugend, daß seine Zuhörer vor Freuden Selbstmörder wurden, wie uns Lactanz erzählt. Augustinus de Civit. Dei I. 22. Cic. Tusc. Quaest. I. 39.

1-18. Hamann setzt die Gesetze der logischen Urteile mit den Gesetzen gleich, die in einem Kunstwerk um der Harmonie willen befolgt werden müssen. Die Philosophie ist demnach auch dem ›Gesetz der Nachahmung‹, dem obersten Prinzip der schönen Künste, unterworfen, wobei bemerkt werden muß, daß Charles Batteux, der dieses Prinzip am konsequentesten durchgeführt hat und dessen Theorien in Deutschland lebhaft debattiert wurden, ›imiter‹ mit ›fingere‹ übersetzt, d. h., ›Nachahmung‹ ist in kunsttheoretischer Sprache Fiktion. In dem Begriff der ›Nachahmung‹ liegt, daß das Artefakt eine Wirklichkeitsrelation hat, aber von der Phantasie (Einbildungskraft) als wahres Abbild der eigentlichen, nach der herrschenden Auffassung der Zeit harmonischen Wirklichkeit geschaffen wird. Diese harmonischen – philosophischen oder künstlerischen – Fiktionen brechen aber nach Hamann zusammen, wenn der Philosoph oder der Dichter seine wahre menschliche Situation existentiell erkennt. Der Glaube aber ist gerade das Ergebnis der unmittelbaren Wirklichkeitserfahrung, d. h. der Erfahrung der ›Unwissenheit‹ und Erlösungsbedürftigkeit des einzelnen, konkreten Menschen.

2. Demonstration: Beweis.

11. Wenn sich der Kranke fühlt, wenn er Schmerzen fühlt, wenn er fühlt, daß er krank ist (Adelung).

11 f. Nach dem Erdbeben von Lissabon wandte sich Voltaire in seinem Gedicht über die Katastrophe, *Poème sur le désastre de Lisbonne* (1756), scharf gegen den Optimismus. Er machte ihn lächerlich mit seinem Roman *Candide.*

16. Meta Klopstock († 1758).

16 f. Der Sonnengott Apollon fuhr auf einem von Sonnenpferden gezogenen Wagen durch die Lüfte.

17. Flügel der Morgenröthe: Ps. 139, 9.

22. Paulus (vgl. 1. Tim. 2, 7; 2. Tim. 1, 11).

29-34. Mit der Dämmerung hat der Glaube gemein, daß für beide eine Beimischung von Dunkel unvermeidlich ist, weil mit zunehmendem Licht dieser in Wissen, jene in Tag übergeht. Es gibt gewisse Geheimnisse, bei denen der Glaube eher dem Verstand die Fackel vorantragen als dieser zur Erzeugung des Glaubens den Weg bereiten muß (Robert Boyle, *Gedanken über den Stil der Heiligen Schrift,* 1665).

35. Platon, *Phaidros* 246 a-248 e; 253 d-254 e.

Die Beziehung und Übereinstimmung der Begriffe ist eben dasselbe in einer Demonstration, was Verhältnis und Symmetrie der Zahlen und Linien, Schallwürbel und Farben in der musikalischen Composition und Malerey ist. Der Philosoph ist dem Gesetz der Nachahmung so gut unterworfen als der Poet. Für diesen ist seine Muse und ihr Hieroglyphisches Schattenspiel so wahr als die Vernunft und das Lehrgebäude derselben für jenen. Das Schicksal setze den grösten Weltweisen und Dichter in Umstände, wo sie sich beyde selbst fühlen; so verleugnet der eine seine Vernunft und entdeckt uns, daß er keine beste Welt glaubt, so gut er sie auch beweisen kann, und der andere sieht sich seiner Muse und Schutzengel beraubt, bey dem Tode seiner *Meta*. Die Einbildungskraft, wäre sie ein *Sonnenpferd* und hätte Flügel der Morgenröthe[37], kann also keine Schöpferinn des Glaubens seyn[38].

Ich weiß für des Sokrates Zeugnis von seiner Unwissenheit kein ehrwürdiger Siegel und zugleich keinen bessern Schlüssel als den Orakelspruch des grossen *Lehrers der Heyden*:

Ει δε τις δοκει ειδεναι τι ουδεπω ουδεν εγνωκε καθως δει γνωναι· Ει δε τις αγαπα τον ΘΕΟΝ ουτος εγνωται υπ αυτον.

*So jemand sich dünken läßt, er wisse etwas, der weiß noch nichts, wie er wissen soll. So aber jemand Gott liebt, der wird von ihm erkannt*[39]. –

37. *Fidei* hoc cum *crepusculo* commune obtigit, quod ad utrumque tenebrarum admixtio necessaria sit, quum alias copiosiori accedente luce, illa in *scientiam*, hoc in *diem* transeat. Quaedam mysteria – in quibus Fides intellectui felicius facem praeferre soleat – quam hic ad procreandam fidem viam munire. Rob. Boyle Cogitationes de S. S. Stylo.

38. Socrates im Phädro.

39. 1 Kor. VIII.

2. Korn: Joh. 12, 24 (vgl. dazu auch 1. Kor. 1. 19-25).
4. *Nichts:* 1. Kor. 8, 2.
4 f. *Leben* und *Wesen:* 2. Tim. 1, 10.
9-13. Im Frühjahr 1759 waren erschienen Edward Youngs *Conjectures on Original Composition,* in denen das ungelehrte Genie Shakespeare gepriesen und mit Homer verglichen wurde, und der 17. Literaturbrief (16. Februar 1759), in dem Lessing Shakespeare als ein Genie preist, »das alles bloß der Natur zu danken zu haben scheint«.
11 f. »dessen [d. i. Shakespeare] Einfälle, sie mögen so poetisch sein als sie wollen, seine Unwissenheit und Übertretung der theatralischen Regeln nicht gut machen können« (Gottsched, *Beyträge zur critischen Historie der deutschen Sprache, Poesie und Beredsamkeit,* 8. Bd. 29. Stück, S. 172; 1742).
15. Wissenschaft: Kenntnisse, Wissen.
16. »Wir sollen Gott über alle Dinge fürchten, lieben und vertrauen« (Luther, *Kleiner Katechismus,* Auslegung des 1. Gebotes).
17. *Frieden:* Phil. 4, 7.
17 f. aller . . . Griechen: Apg. 7, 22; 1. Kor. 1, 22.
19. *Wind:* der Heilige Geist, griech. πνευμα, auch: Wind.
19-22. »Mir geschehe, wie Du gesagt hast – – wie wiedernatürlich den Begriffen eines Mädchens, das von den Winderzeugungen eines Hills nichts wuste – wie nachtheilig ihrer Tugend und ihrem guten Namen, und doch glaubte sie nicht nur, sondern wünschte auch die Erfüllung des *Unsinns* und *Spottes,* den *Engel reden,* die vor Gott stehen. Ihre philosophische Neugierde: wie mag das zugehen, war biß zum Stillschweigen durch den *alltäglichen Grundsatz* aufgelöset: Bey Gott ist kein Ding unmöglich« (ZH I 359, 6-13).
20. Wurmdoctor: ein herumreisender Arzt oder Marktschreyer, welcher Mittel wider die Würmer im menschlichen Leibe verkauft (Adelung).
27. Kobold: drolliger, aber oft auch boshafter Geist, vgl. griech. κοβαλος, im Gegensatz zu dem Engel (vgl. ZH I 398, 35-399,1).
29 f. Aus seinem eigenen Nichts schöpft er die Weisheit. Jean-Baptiste de Boyer, Marquis d'Argens (1704–71), französischer Schriftsteller.
36. Geburt ohne Beischlaf. John Hill (1716–80), Apotheker, Bota-

(weiter S. 56)

– – als Sokrates vom Apoll für einen *Weisen.* Wie aber das Korn aller unserer natürlichen Weisheit verwesen, in Unwissenheit vergehen muß, und wie aus diesem *Tode*, aus diesem *Nichts* das *Leben* und *Wesen* einer höheren Erkenntniß neugeschaffen hervorkeimen[40]; so weit reicht die *Nase* eines Sophisten [75] nicht. Kein Maulwurfshügel, sondern ein *Thurn Libanons* muß es seyn *der nach Damesek gaft*[41].

Was ersetzt bey *Homer* die Unwissenheit der Kunstregeln, die ein Aristoteles nach ihm erdacht, und was bey einem *Shakesspear* die Unwissenheit oder Übertretung jener kritischen Gesetze? Das *Genie* ist die einmüthige Antwort. Sokrates hatte also freylich gut unwissend seyn; er hatte einen Genius, auf dessen Wissenschaft er sich verlassen konnte, den er liebte und fürchtete als seinen Gott, an dessen *Frieden* ihm mehr gelegen war, als an aller Vernunft der Egypter und Griechen, dessen Stimme er glaubte, und durch dessen *Wind*, (wie der erfahrne Wurmdoctor Hill[42] uns bewiesen) der leere Verstand eines Sokrates so gut als der Schoos einer reinen Jungfrau, fruchtbar werden kann.

Ob dieser *Dämon* des Sokrates nichts als eine herrschende Leidenschaft gewesen und bey welchem Namen sie von unsern Sittenlehrern geruffen wird, oder ob er ein Fund seiner Staatslist; ob er ein Engel oder Kobold, eine hervorragende Idea seiner Einbildungskraft, oder ein erschlichner und willkührlich

40. Dans son propre neant il puise la sagesse. Poesies diverses. Epitre V. à d'Argens.

41. Hohelied Salom. VII. Apostelgesch. IX. 3. Kein Ort in der Welt kann eine so wunderbare Verbindung von Marmor und Unflat, von Grösse und Niedrigkeit aufweisen als Damaskus; sagt *Maundrell* in seiner Reisebeschreibung von Aleppo nach Jerusalem.

42. Lucina sine concubitu.

niker, Schriftsteller, »ein so wohl seiner guten Fähigkeiten und einer nicht gemeinen Naturkunde, als auch vieler Ausschweifungen und Schmähschriften bekannter Englischer Vielschreiber ... Da ihn nun die Schriftstellerey bey seinem Aufwande nicht mehr ernähren konnte, so legte er sich auf die Quacksalberey, und handelte mit Tincturen und Wunder-Essenzen ... *Lucina sine concubitu. A Lettre to the Royal Society;* unter dem Nahmen Abraham Johnson (1750); eine Satyre, so wohl auf die königliche Societät, als auch auf Buffons Lehre von der Zeugung des Menschen« (Jöcher-Adelung, *Gelehrten-Lexico*).

1 f. ›mathematische Unwissenheit‹ ironisch für Wissenschaft. Vgl. N III 285, 25-28: »Unterdeßen aber die Geometrie sogar die Idealität ihrer Begriffe von Puncten ohne Theile, von Linien und Flächen nach idealisch getheilten Dimensionen durch empirische Zeichen und Bilder bestimmt und figirt ...«

2 f. Quecksilberröhre: Barometer und Thermometer.

4. James Bradley (1692–1762), Astronom.

4. Antonius van Leeuwenhoek (1632–1723) entdeckte mit Hilfe von selbstverfertigten Mikroskopen u. a. Infusionstierchen und die Blutkörper.

28 f. gleichgültig ... hieß: »... ich glaube wie Socrates alles, was der andere glaubt – und geh nur darauf aus, andere in ihrem Glauben zu stöhren« (an Kant, ZH I 377, 26 f.).

30-36. Zu den lateinischen Zitaten vgl. Platons *Staat* 336 e-338 b.
Er selbst (Sokrates) wollte nichts zur Überredung beitragen, sondern lieber aus dem, was ihm sein Gesprächspartner gewährt hatte, ein Resultat gewinnen, welchem dieser auf Grund schon gegebener Zugeständnisse beipflichten mußte (Cicero, *De Inv. Rhet.* I. 31).
Während er sich, was das Lernen betrifft, für unvermögend hielt, erwarb er zum Lehren reiche Schätze (Valerius Maximus VIII 7).

angenommener Begrif einer mathematischen Unwissenheit; ob dieser Dämon nicht vielleicht eine Quecksilberröhre oder den Maschinen ähnlicher gewesen, welchen die Bradleys und Leuwenhoeks ihre Offenbarungen zu verdanken haben; ob man ihn mit dem wahrsagendem Gefühl eines nüchternen Blinden oder mit der Gabe aus Leichdornen und Narben übelgeheilter Wunden die Revolutionen des Wolkenhimmels vorher zu wissen, am bequemsten vergleichen kann: hierüber ist von so vielen Sophisten mit so viel Bündigkeit geschrieben worden, daß man erstaunen muß, wie Sokrates bey der gelobten Erkenntniß seiner Selbst, auch hierinn so unwissend gewesen, daß er einem Simias darauf die Antwort hat schuldig bleiben wollen. Keinem Leser von Geschmack fehlt es in unsern Tagen an Freunden von Genie, die mich der Mühe überheben werden weitläuftiger über den Genius des Sokrates zu seyn.

Aus dieser sokratischen Unwissenheit flüssen als leichte Folgen die Sonderbarkeiten seiner Lehr- und Denkart. Was ist natürlicher, als daß er sich genöthigt sahe immer zu fragen um klüger zu werden; daß er leichtgläubig that, jedes Meynung für wahr [76] annahm, und lieber die Probe der Spötterey und *guten Laune* als eine ernsthafte Untersuchung anstellte; daß er alle seine Schlüsse sinnlich und nach der Ähnlichkeit machte; Einfälle sagte, weil er keine Dialectick verstand[43]; gleichgültig gegen das, was man Wahrheit hieß, auch keine Leidenschaften,

43. Thrasymachus in Platons Buch von der Staatskunst. – – nihil ipse (Socrates) afferre ad persuadendum volebat, sed ex eo, quod sibi ille dederat, quicum disputabat, aliquid conficere malebat, quod ille ex eo, quod jam concessisset, necessario approbare deberet. Cicero de Inv. Rhet. Lib. I. – – Dum ad discendum semper se pauperem credidit, ad docendum fecit se locupletissimum. Valer. Max. Lib. VIII. Cap. 7.

6. Minerva als Göttin der Weisheit.
7. Kanonisch sind die Schriften der jetzigen Bibel, weil sie von den Synoden zu Hippo (393) und Karthago (397) als Regel des christlichen Glaubens und Lebens angenommen wurden. Eine ähnliche Autorität besitzen die Aufklärungsphilosophen für das Publikum.

17 f. Palingenesie: Wiedergeburt, Wiederherstellung.

24. künstlich: kunstvoll.

31-36. Er malte das athenische Volk auf sinnreiche Art. Denn er wollte es darstellen als wankelmütig, jähzornig, ungerecht und unbeständig, aber zugleich als nachgiebig, nachsichtig, barmherzig und großmütig; als ruhmsüchtig und kleinmütig, unbändig und furchtsam – und all dies auf einmal (Plinius, *Hist. Nat.* XXXV 10).

besonders diejenigen nicht kannte, womit sich die Edelsten unter den Atheniensern am meisten wusten; daß er wie alle Idioten, oft so zuversichtlich und entscheidend sprach, als wenn er, unter allen Nachteulen seines Vaterlandes, die einzige wäre, welche der Minerva auf ihrem Helm säße – – Es hat den Sokraten unsers Alters, den kanonischen Lehrern des Publicums und Schutzheiligen falsch berühmter Künste und Verdienste noch nicht glücken wollen, ihr Muster in allen süssen Fehlern zu erreichen. Weil sie von der Urkunde seiner Unwissenheit unendlich abweichen; so muß man alle sinnreichen Lesearten und Glossen ihrs antisokratischen Dämons über unsers Meisters Lehren und Tugenden als Schönheiten *freyer* Übersetzungen bewundern; und es ist eben so mislich ihnen zu trauen als nachzufolgen.

Jetzt fehlt es mir an dem Geheimnisse der Palingenesie, das unsere Geschichtschreiber in ihrer Gewalt haben, aus der Asche jedes gegebenen Menschen und gemeinen Wesens eine geistige Gestalt heraus zu ziehen, die man einen Charakter oder ein historisch Gemälde nennt. Ein solches Gemälde des Jahrhunderts und der Republik, worinn Sokrates lebte, würde uns zeigen, wie künstlich seine Unwissenheit für den Zustand seines Volkes und seiner Zeit, und zu dem Geschäfte seines Lebens ausgerechnet war[44]. Ich kann nichts mehr thun als der Arm eines Wegweisers und

44. Parrhasius verfertigte, wie es scheint, ein *hogarthsches* Gemälde, welches das *Publicum* zu Athen vorstellen sollte, und wovon uns folgender Kupferstich oder Schattenriß in Plinius übrig geblieben: Pinxit & δημον Atheniensium, argumento quoque ingenioso. Volebat namque *varium, iracundum, iniustum inconstantem*: eundem *exorabilem, clementem, misericordem, excelsum, gloriosum, humilem, ferocem, fugacemque & omnia pariter* ostendere. Hist. Nat. Lib. XXXV. Cap. X.

4. Lustseuche: 1. ungeordnete herrschende Begierde nach sinnlichen Vergnügungen, besonders nach dem Beyschlafe; eine harte und im Hochdeutschen ungewöhnliche Bedeutung, in welcher dies Wort 1. Thessal. 4, 5 vorkommt. 2. Die Venus-Seuche (Adelung).

13 f. *Wahrheit ... Weisheit:* Ps. 51, 8.

16. *unbekannten Gottes:* Apg. 17, 23.

22. *Propheten Vater:* 1. Sam. 10, 11 f.

23. *Gott der Heyden:* Röm. 3, 29.

26-31 u. 63, 1-6. Platon, *Das Gastmahl* 220 d-221 c, Diogenes Laertius II 22 f.

32 f. *Alcibiad.* δευτερον: der zweite (pseudoplatonische) Alkibiades.

»Ich fand hier von ungefehr eine Übersetzung eines platonischen Gesprächs zwischen Sokrates und Alcibiades über die Menschliche Natur; das ich ihm [d. i. Berens] zu lesen gebracht, weil die jetzigen Conjuncturen darinn sehr genau mitgenommen sind. Socrates wird ihm als einen abscheulichen Sophisten vorkommen, der die Wahrheit zum Quodlibet macht, und sie alle augenblick zu einer Autocheirie verführt, so wie Alcibiades die Rolle eines Ideoten spielt« (ZH I 353, 9-15).

bin zu hölzern meinen Lesern in dem Laufe ihrer Betrachtungen Gesellschaft zu leisten.

Die Athenienser waren neugierig. Ein Unwissender ist der beste Arzt für diese Lustseuche. Sie waren, [77] wie alle neugierige, geneigt *mitzutheilen*; es muste ihnen also gefallen, gefragt zu werden. Sie besassen aber mehr die Gabe zu erfinden und vorzutragen, als zu behalten und zu urtheilen; daher hatte Sokrates immer Gelegenheit ihr Gedächtnis und ihre Urtheilskraft zu vertreten, und sie für Leichtsinn und Eitelkeit zu warnen. Kurz, Sokrates lockte seine Mitbürger aus den Labyrinthen ihrer gelehrten Sophisten zu einer *Wahrheit*, die im *Verborgenen liegt*, zu einer *heimlichen Weisheit*, und von den Götzenaltären ihrer andächtigen und staatsklugen Priester zum Dienst eines *unbekannten Gottes*. Plato sagte es den Atheniensern ins Gesicht, daß Sokrates ihnen von den Göttern gegeben wäre sie von ihren Thorheiten zu überzeugen und zu seiner Nachfolge in der Tugend aufzumuntern[45]. Wer den Sokrates unter den Propheten nicht leiden will, den muß man fragen: *Wer der Propheten Vater sey?* und ob sich unser Gott nicht einen *Gott der Heyden* genannt und erwiesen?

[78]

## *Dritter Abschnitt.*

Sokrates soll drey Feldzüge mitgemacht haben. In dem ersten hatte ihm sein *Alcibiades* die Erhaltung des Lebens und der Waffen zu danken, dem er auch den Preis der Tapferkeit, welcher ihm selbst zukam, überließ. In dem zweyten wich er wie ein Parther, fiel seine Verfolger mitten im Weichen an,

45. Vergl. Platons *Euthydemus*, *Alcibiad.* δευτερον, *Philebum*, *Protagoram*, *Kritian* und *Clitophon*.

7. das Wort in seinem Herzen: bibl., vgl. Luk. 8, 15; Röm. 10, 8. Gemeint ist Sokrates' Daimon.

19-21. Der thebanische Feldherr Epaminondas soll gesagt haben: Ich habe zwei unsterbliche Töchter hinterlassen, Leuktra und Mantineia.

25. Quodlibet: In der scholastischen Philosophie ein beliebiges, besonders zur Übung im Debattieren aufgeworfenes Problem oder die Debatte über ein solches Problem.

27. Platon, *Laches* 181 b, vgl. *Das Gastmahl* 221 b.

34. Platon, *Gorgias* 474 a.

35. Platon, *Phaidros* 274 c-276 a.

36. In der Erstausgabe stand »Schlacht bey Marathon«. Dazu *Wolken*: »Eine dithyrambische Figur von gleicher Frechheit ist die Verwechselung der Schlacht bey Marathon mit der Leuctrischen« (N II 95, 9 f.).

theilte mehr Furcht aus, als ihm eingejagt wurde[46] und trug seinen Freund *Xenophon*, der vom Pferde gefallen war, auf den Schultern aus der Gefahr des Schlachtfeldes. Er entgieng der grossen Niederlage des dritten Feldzuges eben so glücklich wie der Pest, die zu seiner Zeit Athen zweymal heimsuchte.

Die Ehrfurcht gegen das Wort in seinem Herzen, auf dessen Laut er immer aufmerksam war, entschuldigte ihn Staatsversammlungen beyzuwohnen. Als er lange genung glaubte gelebt zu haben, bot er sich selbst zu einer Stelle im Rath an, worinn er als Mitglied[47], Ältermann[48] und Oberhaupt[49] gesessen, und wo er sich mit seiner Unschicklichkeit in Sammlung der Stimmen und andern Gebräuchen *lächerlich*[50], auch mit seinem Eigensinn, den er dem unrechten Verfahren einer Sache entgegen setzen muste, als ein Aufrührer verdächtig gemacht haben soll.

Sokrates wurde aber kein Autor, und hierinn handelte er übereinstimmig mit sich selbst[51]. Wie der Held von der Leuctrischen[52] Schlacht keine Kinder nöthig hatte; so wenig brauchte Sokrates Schriften zu seinem Gedächtnisse. Seine Philosophie schickte sich für jeden Ort und zu jedem Fall. Der Markt, das Feld, ein Gastmal, das Gefängnis waren seine Schulen; und das erste das beste Quodlibet des menschlichen Lebens und Umganges diente ihm den

46. Laches in Platon.
47. Prytan.
48. Proedrus.
49. Epistates. Die Prytanen mussten die Versammlung zusammenberufen, die Proedri den Vortrag thun, und der Epistates die Stimmen sammeln und nach deren Mehrheit sprechen. Real im allgem. Grundriss der Staatskunst p. 262.
50. Sokrates in Platons Gorgia.
51. S. den *Phädrus* und *Gorgias*.
52. S. Wolken [N II 95, 9 f.].

1. Saamen der Wahrheit: vgl. Luk. 8, 5-8 und Platon, *Phaidros* 276 b-277 a.

1 f. Schulfuchs: ein pedantischer Gelehrter, ein Gelehrter ohne Sitten und Weltkenntniß (Adelung).

5 f. Platon, *Das Gastmahl* 220 c-d.

10. Spatziergang: Cicero, *Tusc. disp.* V 34.

12. Peripatetiker: griech. περιπατειν, umherwandeln. Die Peripatetiker sind die Schüler Aristoteles'. Hier sicher Anspielung darauf, daß Kant und Berens ihn auf einem Spaziergang zur Aufklärung hatten zurückbekehren wollen (vgl. ZH I 362, 14 bis 21).

14-21. Platon, *Phaidon* 60 d-61 b.

26 f. Mit dem »ersten Claßischen Autor unserer Schulen« meint Hamann die Fibel. Die in der Anmerkung angeführten Verse haben in der *Fibel des Klamer Heinrich Bienrod* (Wernigerode 1750) die pädagogischere Gestalt: »Xantippe war eine arge Hur, / Die X mal X macht Hundert nur« (zit. n. Ernst Schmack, *Der Gestaltwandel der Fibel in vier Jahrhunderten.* Ratingen 1960. S. 58).

28. Christoph August Heumann, *Acta Philosophorum* I-III (Halle 1715–23).

Saamen der Wahrheit auszustreuen. So wenig Schulfüchserey er in seiner Lebensart beschuldigt wird, und so gut er auch die Kunst verstand die besten Gesellschaften selbst von jungen rohen Leuten zu unterhalten, erzählt man gleichwol von ihm, daß er ganze Tage und Nächte unbeweglich gestanden, und einer seiner Bildsäulen ähnlicher als sich selbst [79] gewesen[53]. Seine Bücher würden also vielleicht wie diese seine Soliloquien und Selbst-Gespräche ausgesehen haben. Er lobte einen Spatziergang als eine Suppe zu seinem Abendbrodt; er suchte aber nicht wie ein Peripatetiker die Wahrheit im Herumlaufen und hin- und hergehen.

Daß Sokrates nicht das Talent eines Scribenten gehabt, liesse sich auch aus dem Versuche argwohnen, den er in seinem Gefängnisse auf Angabe eines Traums in der lyrischen Dichtkunst machte. Bey dieser Gelegenheit entdeckte er in sich eine Trockenheit zu erfinden, der er mit den Fabeln des Äsops abzuhelfen wuste. Gleichwol gerieth ihm ein Gesang auf den *Apoll* und die *Diana*.

Vielleicht fehlte es ihm auch in seinem Hause an der Ruhe, Stille und Heiterkeit, die ein Philosoph zum Schreiben nöthig hat, der sich und andere dadurch lehren und ergötzen will. Das Vorurtheil gegen Xantippe, das durch den ersten Claßischen Autor unserer Schulen[54] ansteckend und tief eingewurzelt worden, hat durch die Acta Philosophorum nicht ausgerottet werden können, wie es zum Behuf der

53. Alcibiades in Platons Gastmal.

54. Xantippe war ein' arge H – –
und 10 mal 10 macht hundert nur.

Sokrates soll in der Bigamie gelebt haben; Xantippe die Mutter des Lamprocles, und Myrto (welche ihm Gesner abspricht) die Mutter des Sophroniscus und Menexenus gewesen seyn.

8-12. Der damaligen Konstellation Sokrates-Xantippe entspricht die aktuelle Hamann–Berens. Von Kant unterstützt, wollte Berens nach dem Fehlschlag in Riga erneut Hamanns Leben ›verwalten‹, ihn zum Publizisten im Dienste der Aufklärung machen. In seiner Ungeduld über Hamanns »unbegreifliche und unverständliche Einfälle« ging er fast zu Tätlichkeiten über – wie Xantippe (vgl. ZH I 372, 3-5). Wenn Hamann sich »Großvizier«, d. h. »erster Staatsminister« (vgl. ZH I 378, 27 f.) nennt und von »Regierungsgeschäften« spricht, spielt er, vielleicht spöttische Worte von Berens aufnehmend, auf sein Apostel- oder Prophetenamt den Freunden gegenüber an, das er in den Briefen aus dieser Zeit stark hervorhob, vgl. den Brief an J. G. Lindner vom 28. Sept. 1759 (ZH I 411, 30 bis 421, 14) und in dem Brief an Kant: »so weiß ich daß ich ein Prophet bin aus dem Schicksal, das ich mit allen Zeugen theile, gelästert verfolgt und verachtet zu werden« (ZH I 379, 15-17). ›*Unvermögend*‹ ist er im Sinne von Jes. 40, 29.

20 f. *sanftmüthige . . . Menschen-Lehrer:* Matth. 11, 29.

21-23. eine Wehe . . . Volkes: Matth. 23, 23-29.

32. Platon, *Hippias Major* 288 d, *Gorgias* 494 d und *Das Gastmahl* 215 b.

33-35. Suidas, Neuplatoniker, um 400–450. Ed. Ludolph. Kusterus II 100 (1705): Sokrates' Worte sind wie Würfel, denn wohin sie auch gefallen waren, blieben sie liegen.

35 f. Aristophanes, *Die Wespen* 46: Ganz richtig hat Alkibiades gelispelt.

Wahrheit und Sittlichkeit zu wünschen wäre. Unterdessen müssen wir fast ein Hauscreutz von dem Schlage annehmen, um einen solchen Weisen als Sokrates zu bilden. Die *Reitzbarkeit* seiner Einfälle konnte vielleicht aus Mangel und Eckel daran von Xantippen nicht behänder gedämpft werden als durch Grobheiten, Beleidigungen und ihren Nachtspiegel. Einer Frau, welche die Haushaltung eines Philosophen führen, und einem Mann, der die Regierungsgeschäfte *unvermögender* Großviziere verwalten soll, ist freylich die Zeit zu edel, Wortspiele zu ersinnen und Blumen zu reden. Mit eben so wenig Grunde hat man auch als einer Verläumdung einer ähnlichen Erzählung von Sokrates eigener Heftigkeit wiedersprochen, mit der er sich auf dem Markte bisweilen die Haare aus dem Haupte gerauft und wie außer sich gewesen seyn soll. Gab es nicht Sophisten und Priester zu Athen, mit denen Sokrates in einer solchen Verstellung seiner selbst reden muste? Wurde nicht der *sanftmüthige* und *herzlich demüthige Menschen-Lehrer* gedrungen ein Wehe über das andere gegen die Gelehrten und frommen Leute seines Volkes auszustossen?

30] In Vergleichung eines *Xenophons* und *Platons* würde vielleicht der Styl des Sokrates nach den Meissel eines Bildhauers ausgesehen haben und seine Schreibart mehr plastisch als *malerisch* gewesen seyn. Die Kunstrichter waren mit seinen Anspielungen nicht zufrieden, und tadelten die Gleichnisse seines mündlichen Vortrages bald als zu weit hergeholt, bald als pöbelhaft. Alcibiades[55] aber verglich seine

55. S. *Hippias*, Callicles in Platons *Gorgias* und das Symposion. Hierocles soll gesagt haben, κυβοις εοικεναι τους του Σωκρατου λογους, απτωτας γαρ ειναι πανταχου, οπου αν πεσωσι. *Suidas*. Ορθως γε τουτ’ Αλκιβιαδης ετραυλισεν Aristophanes Σφηκες.

21-23. Diogenes Laertius II 43.

29-31 u. 71, 1 f. Platon, *Phaidon* 118 a (vgl. ZH I 275, 18-21; Luk. 22, 60).

30 f. Gesundbrunnen: das Schierlingsgift.

32. Platon, *Gorgias* 464 d; 521 e-522 a.

33-35. Nach Aristophanes verwarf Sokrates die alten Götter und forderte zu dem Glauben an »das Chaos, die Wolken und die Zunge, diese drei« auf (*Die Wolken* 422).

34 f. Platon, *Staat* 386 a-389 b; 414 b-415 d.

Parabeln gewissen heiligen Bildern der Götter und Göttinnen, die man nach damaliger Mode in einem kleinen Gehäuse trug, auf denen nichts als die Gestalt eines ziegenfüßigen Satyrs zu sehen war.

Hier ist ein Beyspiel davon. Sokrates verglich sich[56] mit einem Arzte, der in einem gemeinen Wesen von Kindern die Kuchen und Leckerbissen verbiethen wollte. Wenn diese Hofbecker, sagte er, den Arzt vor einem Gerichte verklagen möchten, das aus lauter Kindern bestünde: so wäre sein Schicksal entschieden. Man machte zu Athen so viel Anschläge an der Ruhe der Götter Theil zu nehmen, und gleich ihnen weise und glücklich zu werden, als man heut zu Tage macht nach Brodt- und Ehren-Stellen. Jeder neue Götzendienst war eine Finanzgrube der Priester, welche das öffentliche Wohl vermehren sollte; jede neue Secte der Sophisten versprach eine Encyclopedie der gesunden Vernunft und Erfahrung. Diese Projecte waren die Näschereyen, welche Sokrates seinen Mitbürgern zu vereckeln suchte.

Athen, das den Homer als einen *Rasenden* zu einer Geldbusse verdammt haben soll, verurtheilte den Sokrates als einen *Missethäter* zum Tode.

Sein erstes Verbrechen war, daß er die Götter nicht geehrt und neue[57] hätte einführen wollen. Plato läßt ihn gleichwol in seinen Gesprächen öfterer bey den Göttern schwören als ein verliebter Stutzer bey seiner Seele oder ein irrender Ritter bey den Furien seiner Ahnen lügt. In den letzten Augenblicken seines Lebens, da Sokrates schon die Kräfte des Gesundbrunnens in seinen Gliedern fühlte, ersuchte er

56. Conf. *Gorgias.*

57. το ΧΑΟΣ τουτι και τας ΝΕΦΕΛΑΣ και την ΓΛΩΤΤΑΝ. ΤΡΙΑ ταυτι Aristoph. Nubes. Plato de republica Lib. III.

11. Der Areopag war der atheniensische Blutgerichtshof.
15-18. Platon, *Phaidon* 58 a-c.

noch aufs inständigste seinen Kriton einen *Hahn* zu bezahlen und dem Äskulap zu opfern. Sein zweytes Verbrechen war ein Verführer der Jugend gewesen zu seyn, durch seine freye und anstössige Lehren.

[81] Sokrates antwortete auf diese Beschuldigungen, mit einem Ernst und Muth, mit einem Stolz und Kaltsinn, daß man ihn nach seinem Gesichte eher für einen Befehlshaber seiner Richter, als für einen Beklagten hätte ansehen sollen.

Sokrates verlor, sagt man, einen giftigen Einfall[58], und die gewissenhaften Areopagiten die Gedult. Man wurde also hierauf bald über die Strafe einig, der er würdig wäre, so wenig man sich vorher darüber hatte vergleichen können.

Ein Fest zu Athen, an dem es nicht erlaubt war ein Todesurtheil zu vollziehen, legte Sokrates die schwere Vorbereitung eines dreyssigtägigen Gefängnisses zu seinem Tode[59] auf.

Nach seinem Tode soll er noch einem Chier, Namens *Kyrsas* erschienen seyn, der sich unweit seines Grabes niedergesetzt hatte und darüber eingeschlafen war. Die Absicht seiner Reise nach Athen bestand, Sokrates zu sehen, der damals nicht mehr lebte; nach dieser Unterredung also mit desselben Gespenste, kehrte er in sein Vaterland zurück, das bey den Alten wegen seines herrlichen Weins bekannt ist.

Plato macht die freywillige Armuth des Sokrates zu einem Zeichen seiner göttlichen Sendung. Ein grösseres ist seine Gemeinschaft an dem letzten Schick-

58. Er dictirte sich im Scherz selbst die Strafe auf Unkosten des Staats zu Tode gefüttert zu werden.

59. Sokrates soll den Giftbecher an eben dem Tage, als der Tempel zu Ephesus das erstemal abgebrannt, ausgetrunken haben.

1-4. Diogenes Laertius II 43. Lysippos war ein berühmter Bildhauer unter Alexander dem Großen.

5. Schlußrede: im Sinne von Schlußparänese, vgl. Platons *Gorgias*, d. h. Schlußfolgerung und Ratschläge.

6. *Brosamen:* Mark. 7, 28.

6. *Allmosen:* Matth. 10, 9.

7. *Raube:* Ps. 17, 12 (vgl. ZH I 329, 22).

7. *Schwert:* Luk. 22, 36.

14 f. *guten Bekenntnisse:* 1. Tim. 6, 13.

16-18. *dazu* ein Mensch ... *möchte:* So der Wortlaut von Joh. 18, 37 in den älteren Bibelübersetzungen. Er ermöglicht es Hamann, auf den Doppelsinn des Wortes ›zeugen‹ anzuspielen. Wenn es dem Geburtshelfer der Wahrheit, Sokrates, so geht, muß es dem Gott, der die Wahrheit zeugt, noch schlechter gehen.

22. Damiens versuchte 1757 Ludwig XV. von Frankreich (= Landesvater) zu ermorden; er wurde gevierteilt.

22. Rex christianissimus war ein Ehrentitel der französischen Könige.

23. Ludwig XV. wurde Louis le Bien-Aimé genannt.

26. Platon, *Hippias Major* 304 a/b.

27-31. Ein Schwert! einen feinen Gewinn – – –
Hyperbolos der Lampner hat sich viele Talente
durch ränkevolle Gesinnung erworben, aber
beim Zeus, nur ein Schwert!
(Aristophanes, *Die Wolken* 1064-66.)

sale der *Propheten* und *Gerechten*[60]. Ein Bildsäule von Lysippus war das Denkmal, das die Athenienser seiner Unschuld und dem Frevel ihres eigenen Blutgerichts setzen liessen.

## [82] *Schlußrede.*

Wer nicht von *Brosamen*[61] und *Allmosen*, noch vom *Raube* zu leben, und für ein *Schwert*[62] alles zu entbehren weiß, ist nicht geschickt zum Dienst der Wahrheit; Der werde frühe! ein vernünftiger, brauchbarer, artiger Mann in der Welt, oder lerne Bücklinge machen und Teller lecken: so ist er für Hunger und Durst, für Galgen und Rad sein Lebenlang sicher.

Ist es wahr, daß GOtt Selbst, wie es in dem *guten Bekenntnisse* lautet, das er vor Pilatus ablegte; ist es wahr, sage ich, daß Gott Selbst, *dazu* ein Mensch wurde und *dazu* in die Welt kam, *daß er die Wahrheit zeugen möchte*: so brauchte es keine Allwissenheit vorher zu sehen, daß er nicht so gut wie ein Sokrates von der Welt kommen, sondern eines schmählichern und grausameren Todes sterben würde, als der *Vatermörder des allerchristlichsten Königes*, Ludwich des *Vielgeliebten*, der ein Urenkel Ludwich des *Grossen* ist.

60. Matth. XXIII, 29.

61. S. den Schluss von Hippias major.

62. *Μαχαιϱαν*; αστειον γε κεϱδος – – – –
Υπεϱβολος δ' ουκ των λυχνων πλειν η ταλαντα πολλα
Ειληφε δια πονηϱιαν, αλλ' ου μα Δι' ου *μαχαιϱαν*.
Aristoph. Nubes.

# Aesthetica in nuce

1. Alexander Gottlieb Baumgarten, *Aesthetica* (1750–58). Er definiert die Ästhetik als Theorie der schönen Künste (theoria liberalium artium) und systematisch im Rahmen der Leibniz-Wolffschen Philosophie als die Wissenschaft von der sinnlichen Erkenntnis (scientia cognitionis sensitivae), vgl. Nachwort (S. 183).
1. Chr. Otto von Schönaich, *Die ganze Ästhetik in einer Nuß oder Neologisches Wörterbuch* (1754).
3. Rhapsodie: griech. ῥαπτειν, zusammennähen (vgl. S. 85, 2 f.). Zusammengefügte Bruchstücke besonders epischer Dichtung, wie sie von den griechischen Rhapsoden vorgetragen wurden. Rhapsodisch bekam deshalb den Sinn des Fragmentarischen und Unzusammenhängenden, bzw. des enthusiastisch Stammelnden.
5. Kabbala: hebr. Überlieferung. Jüdische, von Neuplatonismus und Gnostik beeinflußte Mystik (Buch Jezira 9. Jh., Buch Zohar 13. Jh.), die die Welt aus den zehn Urpotenzen oder Emanationen Gottes entstehen läßt. Der Makrokosmos wird als Baum, Kreis oder Mensch (Adam Kadmon) dargestellt, sein Abbild ist der Mikrokosmos Adam, der untere Mensch, wobei der Körper wiederum die Seele, den inneren Menschen darstellt (Kopf = Weisheit usw.), vgl. S. 83, 22-27. Die kabbalistische Exegese war nicht nur allegorisch, sondern suchte durch Analyse des Lautgehaltes, der Schriftgestalt und des Zahlenwertes der 22 Buchstaben die in den Wörtern und Namen der Schrift verborgenen göttlichen Geheimnisse zu ergründen, vgl. S. 99, 22 bis 101, 34. Hamann will mit diesem Ausdruck die rationalistischen Schriftausleger provozieren und ihrem Urteil zuvorkommen. Vgl. außerdem N III 23, 10-16: »Was das *kabbalistische* Beywort betrifft; so sagt Leibnitz in seinen *unvorgreiflichen Gedanken wegen Verbesserung der deutschen Sprache*: ›Man hat die *Kabbala* oder *Zeichenkunst* nicht nur in den hebräischen Sprachgeheimnissen, sondern auch bey einer jeden Sprache, zwar nicht in buchstäblichen Deuteleyen, sondern im rechten Verstande und Gebrauch der Wörter zu suchen.‹«

8 f. bunte gestickte Kleider zur Beute, gewirkte bunte Tücher um den Hals als Beute.

[N II 195]

# AESTHETICA. IN. NVCE.

Eine
Rhapsodie
in
Kabbalistischer
Prose.

Buch der Richt. V, 30.

שלל צבעים רקמה
צבע רקמתים לצוארי שלל:

2-9. Siehe, mein Inneres ist wie der Most, den man nicht herausläßt und der die neuen Schläuche zerreißt. Ich muß reden, daß ich mir Luft mache, ich muß meine Lippen auftun und antworten. Vor mir soll kein Ansehen der Person gelten, und ich will keinem Menschen schmeicheln. Denn ich weiß nicht zu schmeicheln; sonst würde mich mein Schöpfer bald dahinraffen.

196] Elihu im Buch Hiob XXXII, 19–22.

הנה בטני כיין לא־יפתח
כאבות חדשים יבקע:
אדברה וירוח לי
אפתח שפתי ואענה:
אל־נא אשא פני־איש
ואל־אדם לא אכנה:
כי לא ידעתי אכנה
כמעט ישאני עשני:

2-9. Verhaßter Pöbel, fleuch den geweihten Ort! – –
Seyd günstig, Zungen! Lieder, die nie zuvor
Gehört sind, sing ich; ich, der Musen
Priester, den Jünglingen und den Jungfraun.
Monarchen herrschen über erzitternde
Zahlreiche Heerden, über Monarchen Zeus,
Ein Sieger der Giganten, dessen
Winkendes Auge die Welt erschüttert.
(Horaz, *Oden* III 1; Ramler.)

10. Wurfschaufel: Matth. 3, 12.

12. Erzengel: Johann David Michaelis (1717–91), Theologe und Orientalist, bedeutender Philologe, Vater der Caroline Schlegel. Förderte das Studium des Arabischen als Mittel zum Verständnis des Hebräischen und eine geschichtlich fundierte Exegese der biblischen Schriften. Wichtig für die Vermittlung der liberalen englischen Bibelwissenschaft nach Deutschland. Wegen seiner rationalistischen Haltung von Hamann scharf kritisiert, für den jungen Herder aber von großer Bedeutung.

14. der weise Idiot Griechenlands: Sokrates–Hamann. Beide waren ›Laien‹.

21-34. Allerdings, Sokrates, scheinst du ordentlich wie ein Begeisterter auf einmal Orakel von dir zu geben. – Ich vermuthe wol, Hermogenes, daß sie [d. i. die Weisheit] vornehmlich durch Euthyphron den Prospaltier [Hamanns Text: des Pantios Sohn] über mich gekommen ist. Denn ich war diesen Morgen viel mit ihm und hörte ihm zu. Und so scheint es, daß er in seiner Begeisterung mir nicht nur die Ohren angefüllt hat mit seiner herrlichen Weisheit, sondern auch die Seele muß sie mir ergriffen haben. Mich dünkt also, wir wollen es so halten, daß wir sie heute nun schon gewähren lassen ... morgen aber, wenn ihr auch der Meinung seid, wollen wir sie feierlich fortbesprechen und uns reinigen, wenn wir einen finden können, der es versteht uns hievon zu reinigen, sei es nun ein Priester oder ein Sophist. – – – die lege mir nur vor, daß du erkennest, wie doch Euthyphrons Rosse geübt sind (Platon, *Kratylos* 396 d-397 a. 407 d).

## HORATIVS.

Odi profanum vulgus & arceo.
Fauete linguis! carmina non prius
Audita, Musarum sacerdos,
Virginibus puerisque canto.
Regum timendorum in proprios greges;
Reges in ipsos imperium est Iouis,
Clari giganteo triumpho,
Cuncta supercilio mouentis.

Nicht Leyer! – noch Pinsel! – eine Wurfschaufel für meine Muse, die Tenne heiliger Litteratur zu fegen! – – Heil dem Erzengel über die Reliquien der Sprache Kanaans! – auf schönen Eselinnen [1] siegt er im Wettlauf; – aber der weise Idiot Griechenlands borgt Euthyphrons [2] stolze Hengste zum philologischen Wortwechsel.

Poesie ist die Muttersprache des menschlichen Geschlechts; wie der Gartenbau, älter als der Acker: Malerey, – als Schrift: Gesang, – als Deklamation:

1. Buch der Richt. V, 10.

2. Siehe Platons Kratylos. Hermogenes: Και μεν δη, ω Σωκρατες, ατεχνως γε μοι δοκει ωσπερ οι ενθουσιωντες εξαιφνης χρησμῳδειν. Sokrates: Και αιτιωμαι γε, ω Ερμογενες, μαλιστα αυτην απο Ευθυφρονος του Παντιου προσπεπτωκεναι μοι· εωθεν γαρ πολλα αυτῳ συνην και παρειχον τα ωτα. κινδυνευει ουν ενθουσιων ου μονον τα ωτα μου εμπλησαι της δαιμονιας σοφιας, αλλα και της ψυχης επειληφθαι· δοκει ουν μοι χρηναι ουτωσι ημας ποιησαι, το μεν τημερον ειναι, χρησασθαι αυτῃ – αυριον δ'αν και υμιν συνδοκῃ, αποδιοπομπησομεθα τε αυτην και καθαρουμεθα, εξευροντες οστις τα τοιαυτα δεινος καθαιρειν, ειτε των ιερεων τις, ειτε των σοφιστων – – – προβαλλε μοι, οφρα ιδηαι οιοι ΕΥΘΥΦΡΟΝΟΣ ΙΠΠΟΙ.

3-6. Hiob 2, 13-3, 1.

7 f. Vgl. N I 112, 21-25: »Alle Werke Gottes sind Zeichen und Ausdrücke seiner Eigenschaften; und so, scheint es, ist die ganze körperliche Natur ein Ausdruck, ein Gleichnis, der Geisterwelt. Alle endliche Geschöpfe sind nur im Stande, die Wahrheit und das Wesen der Dinge in Gleichnissen zu sehen.«

13. Es werde Licht!: 1. Mose 1, 3.

17 f. Er schuf ... ihn: 1. Mose 1, 27.

25. Schema: äußere Erscheinung, Gestalt.

28. Ein Gegenstück Gottes ist jeder im kleinen Abbild (Manilius, *Astron.* IV 895). Marcus Manilius schrieb 5 *Astronomicon libri* in Hexametern.

29. erste Nahrung: 1. Mose 1, 29.

31. Scholien sind sachliche und sprachliche Texterläuterungen zu den klassischen Autoren. Der Scholiast ist Michaelis, weil er Anmerkungen schrieb.

32 f. – – wie Hieroglyphen älter als Buchstaben sind, so auch Gleichnisse älter als Begründungen (Francis Bacon, *The Works*. Collected and Edited by James Spedding, Robert Leslie Ellis and Douglas Denon Heath. London 1857 f. I 520).

34. Denn alles, was offenbar wird, das ist Licht.

Gleichnisse, – als Schlüsse[3]: Tausch, – als Handel. Ein tieferer Schlaf war die Ruhe unserer Urahnen; und ihre Bewegung, ein taumelnder Tanz. Sieben Tage im Stillschweigen des Nachsinns oder Erstaunens saßen sie; – – und thaten ihren Mund auf – zu geflügelten Sprüchen.

Sinne und Leidenschaften reden und verstehen nichts als Bilder. In Bildern besteht der ganze Schatz menschlicher Erkenntniß und Glückseeligkeit. Der erste Ausbruch der Schöpfung, und der erste Eindruck ihres Geschichtschreibers; – – die erste Erscheinung und der erste Genuß der Natur vereinigen sich in dem Worte: Es werde Licht! hiemit fängt sich die Empfindung von der Gegenwart der Dinge an[4].

[198] Endlich krönte GOTT die sinnliche Offenbarung seiner Herrlichkeit durch das Meisterstück des Menschen. Er schuf den Menschen in Göttlicher Gestalt; – – zum Bilde GOttes schuf er ihn. Dieser Rathschluß des Urhebers löst die verwickeltesten Knoten der menschlichen Natur und ihrer Bestimmung auf. Blinde Heyden haben die Unsichtbarkeit erkannt, die der Mensch mit GOTT gemein hat. Die verhüllte Figur des Leibes, das Antlitz des Hauptes, und das Äußerste der Arme sind das sichtbare Schema, in dem wir einher gehn; doch eigentlich nichts als ein Zeigefinger des verborgenen Menschen in uns; –

Exemplumque DEI quisque est in imagine parua[5].

Die erste Nahrung war aus dem Pflanzenreiche; die Milch der Alten, der Wein; die älteste Dichtkunst nennt ihr gelehrter Scholiast (der Fabel des Jothams

3. – – vt hieroglyphica literis: sic parabolae argumentis antiquiores, sagt Bacon, mein Euthyphron.

4. Παν γαρ το φανερουμενον, φως εστι. Ephes. V, 13.

5. Manilius Astron, Lib. IV.

1. Michaelis stellt in Anmerkung 18 fest, daß die hebräische Dichtung viele Metaphern der Natur entnimmt. Besonders sind Bilder mit Kräutern und Bäumen beliebt, weshalb er diese Poesie botanisch nennen möchte.

2 f. Rhapsodie von Feigenblättern: 1. Mose 3, 7.

4 f. 1. Mose 3, 21.

6. 1. Mose 3, 10 f.

9. Ohne eine andere Erklärung zu bieten, stellt Goguet fest, daß die Sitte, Kleider zu tragen, nicht durch das Bedürfnis, sich gegen rauhe Witterung zu schützen, entstanden sein kann, da sie von alters her in Ländern verbreitet ist, wo kein solches Bedürfnis vorhanden ist. Antoine Yves Goguet, *De l'Origine des Loix, des Arts et des Sciences et leur Progrès chez les anciens Peuples* I 114 f. (1758).

11-18 u. 87, 1-3. »Ich komme vielmehr sogleich auf die wahre Ursache – die ich wenigstens für die wahre halte –, warum der Fabulist die Tiere oft zu seiner Absicht bequemer findet als die Menschen. – Ich setze sie in die allgemein bekannte Bestandheit der Charaktere. – Gesetzt auch, es wäre noch so leicht, in der Geschichte ein Exempel zu finden, in welchem sich diese oder jene moralische Wahrheit anschauend erkennen ließe . . .« (Lessing, *Von dem Gebrauch der Tiere in der Fabel*).

15. Offb. 9, 11.

20-22. – – da die Poesie wie ein Gewächs ist, das, ohne gesät zu sein, aus üppiger Erde emporgekeimt, über die übrigen Wissenschaften emporwuchs und sich verbreitete (Bacon, *Works* I 521).

24. Robert Lowth (1710–87), Theologe, Alttestamentler. 1741 bis 1750 Professor der Poesie in Oxford, 1766 Bischof, zuletzt von London. Seine hier erwähnten bahnbrechenden Vorlesungen über die hebräische Poesie hatten auch für die Entwicklung einer genetischen Literaturbetrachtung große Bedeutung. Er erkannte den ›Parallelismus der Glieder‹, d. h. die Entsprechung je zweier (dreier) Reihen einer Periode, als eine Grundstruktur der hebräischen Poesie. Er erklärte die biblische Metaphorik aus der Natur Palästinas und aus den Lebensbedingungen des jüdischen Volkes und verglich die Bibel als Kunstwerk mit den antiken Dichtungen. So konnte er alttestamentliche Stilformen klar erkennen und bereitete u. a. die Einführung des Mythosbegriffes in die Bibelwissenschaft vor.

und Joas zu folge[6]) botanisch[7]; auch die erste Kleidung des Menschen war eine Rhapsodie von Feigenblättern. – –

Aber GOTT der HERR machte Röcke von Fellen, und zog sie an – unsern Stammeltern, welche die Erkenntniß des Guten und Bösen Schaam gelehrt hatte. – Wenn die Nothdurft eine Erfinderin der Bequemlichkeiten und Künste ist: so hat man Ursach sich mit Goguet zweymal zu wundern, wie in den Morgenländern die Mode sich zu kleiden, und zwar in Thierhäuten, hat entstehen können. Darf ich eine Vermuthung wagen, die ich wenigstens für sinnreich halte? – – Ich setze das Herkommen dieser Tracht, in der dem Adam durch den Umgang mit dem alten Dichter, (der in der Sprache Kanaans Abaddon, auf hellenistisch aber Apollyon heist,) bekannt gewordenen allgemeinen Bestandheit thierischer Charaktere, – die den ersten Menschen bewog unter dem

6. Buch der Richt. IX. 2 Chron. XXV, 18.

7. – – quum planta sit poesis, quae veluti à terra luxuriante absque certo semine germinauerit, supra ceteras doctrinas excreuit & diffusa est. Bacon de Augm. Scient. Lib. II. Cap. 13. Siehe des Herrn Hofraths Johann David Michaelis Anmerkungen zu Roberti Lowth de sacra poesi Praelectionibus Academicis Oxonii habitis. p. 100. (18)

1 f. N II 362, 21-24: »Warum flechten wir nun Schürze von Feigenblättern, wenn Röcke von Fellen fertig auf uns warten? Wünschen wir etwan auch lieber gar nicht entkleidet, sondern überkleidet zu werden, damit wir nicht bloß erfunden werden?« (Vgl. auch N I 19, 38.) Die ›vergangene Begebenheit‹ ist der Sündenfall, den der Mensch durch seine eigenen Bemühungen um Tugend und Gerechtigkeit nicht verhehlen kann, die ›künftige Begebenheit‹, die die ›typische‹ Handlung Gottes prophezeit, ist die Bekleidung mit der Gerechtigkeit des Lammes Gottes (vgl. Offb. 6, 11; 7, 9-14).

4. Rede ... sehe!: Walter Boehlich (s. Zu Text und Kommentar S. 149) macht auf Erasmus, *Apophthegmata* III 70 als mutmaßliche Quelle aufmerksam; Sokrates sagt zu einem Jungen: »Loquere igitur, ... adolescens, ut te videam.« (Rede also, Jüngling, damit ich dich sehe.) *Opera omnia* Tom. 4. Leiden 1703. S. 162. Neudruck Hildesheim 1962.

5. »*Schöpfung*. Auch dieses Wort ist uns *übers Wasser* gebracht worden, und bedeutet in *Halle*, wie in *London*, die Welt« (Schönaich, *Neol. Wörterbuch*).

6-8. ein Tag ... der andern: Ps. 19, 2-5.

12. Turbatverse: »Und als nun gar der Kantor zuletzt eine Anzahl durcheinander geworfener lateinischer Wörter, welches Verse gewesen waren, diktirte, damit sie wieder in metrische Ordnung gebracht werden sollten, welch ein Vergnügen für Reisern, da er nun mit wenigen Fehlern, ein paar ordentliche Hexameter wieder herausbrachte (Karl Philipp Moritz, *Anton Reiser* 2. Teil, 1786, S. 55).

12. disiecti membra poetae: des zerstückten Dichters Glieder (Horaz, *Sat.* I 4, 62).

17 f. ZH I 393, 28-394, 3: »Das unsichtbare Wesen unserer Seele offenbart sich durch Worte – wie die Schöpfung eine Rede ist, deren Schnur von einem Ende des Himmels biß zum andern sich erstreckt. Der Geist Gottes allein hat so tiefsinnig und begreiflich uns das Wunder der sechs Tage erzählen können. Zwischen einer Idée unserer Seele und einem Schall, der durch den Mund hervorgebracht wird ist eben die Entfernung als

(weiter S. 88)

20-22. Du lernst Verse machen mit zerteilten Namen; du wirst so ein Nachahmer des Sängers Lucilius (Ausonius, *Epist.* XVI 37 f.).

gelehnten Balg eine anschauende Erkenntnis vergangener und künftiger Begebenheiten auf die Nachwelt fortzupflanzen – – –

Rede, daß ich Dich sehe! – – Dieser Wunsch wurde durch die Schöpfung erfüllt, die eine Rede an die Kreatur durch die Kreatur ist; denn ein Tag sagts dem andern, und eine Nacht thuts kund der andern. Ihre Losung läuft über jedes Klima bis an der Welt Ende und in jeder Mundart hört man ihre Stimme. – – Die Schuld mag aber liegen, woran sie will, (außer oder in uns): wir haben an der Natur nichts als Turbatverse und disiecti membra poetae
199] zu unserm Gebrauch übrig. Diese zu sammeln ist des Gelehrten; sie auszulegen, des Philosophen; sie nachzuahmen[8] – oder noch kühner! – – sie in Geschick zu bringen, des Poeten bescheiden Theil.

Reden ist übersetzen – aus einer Engelsprache in eine Menschensprache, das heist, Gedanken in Worte, – Sachen in Namen, – Bilder in Zeichen; die poetisch

8. Rescisso discas componere nomine versum;
Lucili vatis sic imitator eris

Ausonius Epist. V.

zwischen Geist und Leib, Himmel und Erde. Was für ein unbegreiflich Land verknüpft gleichwol diese so von einander entfernte Dinge? Ist es nicht eine Erniedrigung für unsere Gedanken, daß sie nicht anders sichtbar gleichsam werden können, als in der groben Einkleidung willkürlicher Zeichen und was für ein Beweiß Göttlicher Allmacht – und Demuth – daß er die Tiefen seiner Geheimniße, die Schätze seiner Weisheit in so kauderwelsche, verworrene und Knechtsgestalt an sich habende Zungen der Menschlichen Begriffe einzuhauchen vermocht und gewollt.«

6. Und zeigt das Material, aber nicht des Handwerkers Kunst (*Poems* by the Earl of Roscommon, London 1717, S. 9; über eine Prosaübersetzung des Horaz).

7. Joh. Georg Wachter, Sprach- und Altertumsforscher. Wachter unterscheidet mit den Bezeichnungen kyriologisch, symbolisch und charakteristisch drei Entwicklungsstadien der Schrift. Die kyriologische (griech. kyriologikos = eigentlich, unübertragen) besteht aus Bildern der Dinge, die symbolische oder hieroglyphische drückt durch Bilder Unbildliches aus, so daß der Verstand des Scharfsinnigen oder Eingeweihten den verborgenen Sinn erraten kann, während die Charaktere, die keine Buchstaben sind, nicht die Dinge, sondern die Wörter, und zwar mit willkürlichen Zeichen, wiedergeben. Diese Schrift hat sich also, nach Hamann, von der Natur am weitesten entfernt. Die Bezeichnungen poetisch, historisch und philosophisch sind von Hamann hinzugefügt worden, um die den Zeichen entsprechenden Entwicklungsstadien des menschlichen Geistes anzugeben (vgl. *Kleeblatt Hellenistischer Briefe* 2, N II 174, 31 bis 176, 30). Herder nimmt den keineswegs originalen Gedanken in seinen *Fragmenten* auf, um ihn auf die Sprache anzuwenden (1. Sammlung, *Von den Lebensaltern einer Sprache*).

14. Zeitverwandten: Hamann denkt an den von Michaelis gerügten »ästhetischen Geschmack einiger christlichen Wortführer« (*Kleeblatt Hellenistischer Briefe* 1, N II 170, 23-171, 3) an Biblizismen. Besonders mißfielen Michaelis die Parallelismen der Psalmen. Die Debatte wurde von Herder weitergeführt (*Von den Lebensaltern einer Sprache*, Abschnitt 7). Mit dem Petronius-Zitat will Hamann die Weitschweifigkeit seiner rationalistischen Gegner treffen: »Noch vor weniger Zeit wan-

(weiter S. 90)

oder kyriologisch[9], historisch, oder symbolisch oder hieroglyphisch – – und philosophisch oder charakteristisch[10] seyn können. Diese Art der Übersetzung (verstehe Reden) kommt mehr, als irgend eine andere, mit der verkehrten Seite von Tapeten überein,

And shews the stuff, but not the workman's skill;

9. Zur Erläuterung kann nachgesehen werden Wachters Naturae & Scripturae Concordia. Commentatio de literis ac numeris primaeuis aliisque rebus memorabilibus cum ortu literarum coniunctis. Lips. & Hafn. 1752. im ersten Abschnitt.

10. Von dieser letztern Gattung Zeichen ist folgende Stelle im Petron zu verstehen, die ich mich genöthigt sehe in ihrem Zusammenhange anzuführen, gesetzt daß man auch selbige für eine Satyre auf den Philologen selbst und seine Zeitverwandten ansehen solte: nuper ventosa isthaec & enormis loquacitas Athenas ex Asia commigrauit, animosque iuuenum ad magna surgentes veluti pestilenti quodam sidere afflauit, simulque corrupta eloquentiae regula stetit & obmutuit. Quis postea ad summam Thucydidis? (Man nennt ihn den Pindar der Geschichtschreiber) quis Hyperidis (der den Busen der Phryne entblößte, um die Richter von seiner guten Sache zu überzeugen) ad famam processit? Ac ne carmen quidem sani coloris enituit; sed omnia, quasi eodem cibo pasta, non potuerunt vsque ad senectutem canescere. PICTVRA quoque non alium exitum fecit, postquam AEGYPTIORVM AVDACIA tam magnae artis COMPENDIARIAM inuenit. Man vergleiche hiemit die tiefsinnige Prophezeyung, welche Sokrates dem ägyptischen Könige Thamus über die Erfindung des Theuts in den Mund

derte diese aufgedunsene und regellose Geschwätzigkeit von Asien nach Athen und hauchte die in die Höhe steigenden Genien der Jünglinge, wie eine Pestilenz an; zugleich wurde die wahre Beredtsamkeit geschändet und überschrien. Wer gelangte nach dieser Zeit zur Höhe des Thucydides? wer zum Ruhme des Hyperides? Nicht einmal ein Gedicht von einer gesunden Farbe kam zum Vorscheine, sondern alles, gleichsam von einer Speise genährt, konnte nicht bis zum Alter reifen. Eben denselben Weg mußte die Mahlerey gehen, da die Ägypter so verwegen waren, diese große Kunst ins Kleine zu bringen« (Petronius, *Satyricon* 2; Heinse).

3-9. Bacon teilt das Wissen des Menschen nach seinen Quellen ein. Von oben kommt die göttliche Offenbarung, von unten, durch die Sinne vermittelt, empirisches Wissen. Dieses Wissen ist abgeleitet, unvollständig, immer der Vermehrung fähig und speist sich, wie Bäche, aus vielen Quellen und Strömen (Bacon, *Works* I 539; vgl. 1. Mose 1, 6-10).

7. Dunstkugel: diejenige Gegend der Luft, die einen Himmelskörper zunächst umgibt (Adelung).

7. gläsern Meer: Offb. 4, 6.

9. Manneshand: 1. König. 18, 44.

14 f. Laßt . . . herrschen: 1. Mose 1, 26 f.

16 f. Und . . . Erdenkloß: 1. Mose 2, 7.

21 f. Der Heidenapostel Paulus (Röm. 11, 13) war ein Schriftgelehrter (Apg. 22, 3), der also sowohl zu den Philosophen als auch zu den Theologen spricht.

23 f. O Sokrates, leicht erdichtest du uns ägyptische und was sonst für ausländische Reden du willst (Platon, *Phaidros* 275 b).

26. James Howell, *Familiar Letters* (1705), S. 249 und 422.

27. Miguel Cervantes de Saavedra.

28 f. *The Adventurer* Nr. 49, vom 24. April 1753.

31 f. Bacon, *Works* I 520. Hamann betont also, daß sein eigener Gebrauch von Bildern esoterisch ist. Zur Metapher: »Wenn man also sich nicht anders als eine verkehrte Anwendung deutl. Wahrheiten versprechen kann, so erfordert es die Klugheit sie lieber einzukleiden, und den Schleyer der Falscheit wie Thamar auf Unkosten seiner Ehre zu brauchen und sie mit der Zeit desto nachdrücklicher zu rächen, auf Unkosten seiner Ehrliebenden Richter« (ZH I 336, 14-18).

oder mit einer Sonnenfinsternis, die in einem Gefäße voll Wassers in Augenschein genommen wird[11].

Mosis Fackel erleuchtet selbst die intellectualische Welt, die auch ihren Himmel und ihre Erde hat. Bacon vergleicht daher die Wissenschaften mit den Gewässern über und unter dem Gewölbe unserer Dunstkugel. Jene sind ein gläsern Meer, als Krystall mit Feuer gemengt; diese hingegen kleine Wolken aus dem Meer, als eine Manneshand.

[200] Die Schöpfung des Schauplatzes verhält sich aber zur Schöpfung des Menschen: wie die epische zur dramatischen Dichtkunst. Jene geschah durchs Wort; die letzte durch Handlung. Herz! sey wie ein stilles Meer! – – Hör den Rath: Laßt uns Menschen machen, ein Bild, das uns gleich sey, die da herrschen! – – Sieh die That: Und GOTT der HERR machte den Menschen aus einem Erdenkloß – – Vergleich Rath und That; bete den kräftigen Sprecher[12] mit dem Psalmisten; den vermeynten Gärtner[13] mit der Evangelistin der Jünger; und den freyen Töpfer[14] mit dem Apostel hellenistischer Weltweisen und talmudischer Schriftgelehrten an!

legt, daß Phädrus darüber ausruft: ω Σωϰϱατες, ϱαδιως συ Αιγυπτιους τε ϰαι οποδαπους αν εϑεληϛ λογους ποιοιηϛ.

11. Die eine Metapher ist aus des Grafen von Roscommon Essay on translated verse und Howel's Lettres; beyde haben dies Gleichnis aus dem Saavedra entlehnt, wo ich nicht irre; die andere aus einem der vorzüglichsten Wochenblätter (The Adventurer) entlehnt: Dort werden sie aber ad illustrationem (zur Verbrämung des Rockes); hier ad inuolucrum (zum Hemde auf bloßem Leibe) gebraucht, wie Euthyphrons Muse unterscheiden lehrt.

12. Ps. XXXIII, 9.

13. Joh. XX, 15-17.

14. Röm. IX, 21.

1. f. Der Sinn des vielleicht kabbalistisch inspirierten Bildes ist, daß Adam, der erste Mensch, im Sinne Wachters eine Hieroglyphe ist, d. h. die Menschheit bezeichnet, und zwar indem er in seiner ›typischen‹ Existenz, Erschaffung – Fall – Erlösung (vgl. Komm. zu S. 87, 1), die Geschichte »des ganzen Geschlechts« durchläuft. Dieser Verlauf kann auch Rad oder Kreis genannt werden, weil der erste gnadenhafte Zustand des alten Adam durch den neuen, Christus, wiederhergestellt wird.

3. Eva ist Typus der Philosophie, da Charaktere in Hamanns Wachter-Interpretation philosophische Zeichen sind. Die Philosophie ist also, in Hamanns Auslegung, an die Geschichte gebunden und von ihr abhängig und in ihr verborgen – nicht ein widerspruchsloses, unmittelbar einsichtiges System.

6-8. unten . . . liegt: Ps. 139, 13-15.

9. Nach Shaftesbury ist der Virtuose ein künstlerisch, wissenschaftlich und moralisch universal gebildeter Mensch. In dieser Bedeutung wurde das Wort u. a. von Wieland übernommen, hatte aber schon damals die Nebenbedeutung des Könners. Hamann verwendet das Wort öfters ironisch, etwa im Sinne des Tausendkünstlers: ». . . *Arouet Falstaff* [d. i. Voltaire], der unverschämteste Spermolog und Virtuose, Hiero- und Sykophant seines Jahrhunderts . . .« (N III 144, 31 f.)

10. tiefen Schlaf: 1. Mose 2, 21-23.

12. Endymion ist der in Schlaf versenkte Geliebte der Mondgöttin. Sicher Anspielung auf die Vorliebe der Empfindsamkeit für elegisch-übersinnliche Mondgedichte, vgl. N II 164, 9-14: »Daß witzige Köpfe, die mehr Stutzer als ehrliche Bekenner der schönen Wissenschaften sind, ein sympathetisches Gefallen an Engelgestalten haben, die kein Autor noch Leser gesehen, und den fleischlichen Sinn aufblasen; daß schöne Geister von der Geistlichkeit des Mondlichts begeistert werden, entschuldige ich gern: aber Philosophen gebührt es zu prüfen.«

14. mitternächtliche Gesänge: Youngs *Night Thoughts.*

16 f. »Bedenken Sie, daß diese Welt eine Schule ist, worinnen sowohl der Verstand als auch das Herz gebessert werden kann; und daß, je länger die menschliche Natur in dieser Schule ist, desto mehr wird sie ein vollkomner Schüler werden; bedenken Sie, daß wie die moralische Welt ihr glorreiches Jahrtausend erwartet, nach den Regeln der Analogie auch die Welt des Ver-

(weiter S. 94)

Der hieroglyphische Adam ist die Historie des ganzen Geschlechts im symbolischen Rade: – – der Charakter der Eva, das Original zur schönen Natur und systematischen Ökonomie, die nicht nach methodischer Heiligkeit auf dem Stirnblatt geschrieben steht; sondern unten in der Erde gebildet wird, und in den Eingeweiden, – in den Nieren der Sachen selbst – verborgen liegt.

Virtuosen des gegenwärtigen Äons, auf welchen GOTT der HERR einen tiefen Schlaf fallen lassen! Ihr wenigen Edeln! macht euch diesen Schlaf zu Nutz, und baut aus einer Ribbe dieses Endymions die neueste Ausgabe der menschlichen Seele, die der Barde mitternächtlicher Gesänge in seinem Morgentraum sahe[15], – – aber nicht von nahe. Der nächste

15. Siehe D. Youngs Schreiben an dem Verfasser des Grandison über die Originalwerke.

standes auf einen höhern Grad von Vollkommenheit sich Hoffnung machen könne, der ihre letzten Scenen verherrlichen wird ... Denn Tullius, Quintilian und alle wahre Kunstrichter bekennen, daß die Tugend dem Genie aufhilft, und daß der Schriftsteller noch geschickter seyn werde, wenn der Mensch noch besser ist. – Wenn Sie, sage ich, alle diese besondern Umstände bedenken, so weiß ich nicht, warum es ganz unmöglich zu seyn scheinen sollte, daß des Himmels neueste Ausgabe der menschlichen Seele nicht die correcteste und schönste seyn sollte; warum nicht die Zeit einmal kommen könnte, da die Neuern ... auf die Kinder des Alterthums zurücksehen, den Homer und Demosthenes nur als die Dämmerung des göttlichen Genies, und Athen als die Wiege des noch jungen Ruhms werden betrachten können« (Edward Young, *Conjectures on Original Composition, in a Letter to the Author of Sir Charles Grandison,* 1759; Teubern. *The History of Sir Charles Grandison,* 1753 f., schrieb Samuel Richardson).

5. im vorübergehen: Luk. 10, 31-32.

6. Levit: Moses Mendelssohn.

6. *Briefe, die neueste Litteratur betreffend*, Berlin 1759 ff. Herausgeber waren Lessing, Nicolai, Mendelssohn und Abbt. Zum folgenden vgl. N II 163, 28-32: »Wer ist aber der ästhetische Moses, der Bürgern eines freyen Staats schwache und dürftige Satzungen vorschreiben darf? (die da sagen: Du sollt das nicht angreifen, du sollt das nicht kosten, du sollt das nicht anrühren. In der Natur ist manches unrein und gemein für einen Nachahmer ...«

12 f. besessener – Samariter!: Joh. 8, 48.

15 f. unreine Schüsseln: Mark. 7, 4. 8.

16 f. Wortlaut angelehnt an Horaz *De arte poetica* 127 (Difficile est proprie communia dicere). Nach dem Kontext zu übersetzen: Es ist ganz unmöglich, gemeine Sachen beim Namen zu nennen.

18 f. acht Tage alt, aber beschnitten: 1. Mose 17, 12.

19. lauter weißen überzogenen Entian: Im gemeinen Leben wird der weiße Hundskoth zuweilen auch weißer Enzian genannt (Adelung).

21-23. Nach antiker Tradition soll Äsop sehr häßlich gewesen sein. Äsop der Jüngere ist Lessing. »Ich hatte eine Menge Versuche in der einfältigen Art des alten Phrygiers gemacht« (Lessing, *Fabeln*, Vorrede, 1759).

Äon wird wie ein Riese vom Rausch erwachen, eure Muse zu umarmen, und ihr das Zeugnis zuzujauchzen: Das ist doch Bein von meinem Bein, und Fleisch von meinem Fleisch!

Sollte diese Rhapsodie im vorübergehen von einem Leviten der neuesten Litteratur in Augenschein genommen werden: so weiß ich zum voraus, daß er sich seegnen wird, wie der heilige Petrus [16] vor dem großen leinenen Tuch an vier Zipfeln gebunden, darin er mit einem Blick gewahr ward, und sahe vierfüßige Thiere der Erden und wilde Thiere, und Gewürme und Vögel des Himmels – – – »O nein; besessener – Samariter!« – – (so wird er den Philologen schelten in seinem Herzen) – »für Leser von orthodoxem Geschmack gehören keine gemeine Ausdrücke noch unreine Schüsseln« – – Impossibilissimum est, communia proprie dicere – Siehe! darum geschieht es, daß
[201] ein Autor, dessen Geschmack acht Tage alt, aber beschnitten ist, lauter weißen überzogenen Entian – zur Ehre menschlicher Nothdurft! – in die Windeln thut – – Die fabelhafte Häßlichkeit des alten Phrygiers ist in der That lange so blendend nicht, als die ästhetische Schönheit Äsop des jüngern. Heuer

16. Apostelgesch. X. XI.

2 f. Anspielung auf die anakreontische Jugenddichtung Lessings.

3 f. Mit den Worten des Horaz spielt Hamann auf das flotte Leben, das Lessing als Sekretär des Generals von Tauentzien mit den Offizieren in Breslau führte, an, die er also zu Stutzern macht, wobei ›Stutzer‹ bei Hamann nicht nur derjenige ist, »welcher andere seines Standes in zierlichen Kleidern zu übertreffen sucht« (Adelung), sondern auf Menschenbild und literarischen Geschmack übertragen wird (vgl. Komm. zu S. 93, 12).

7 f. »Wenige Gelehrte werden eine mehr doppelte Rolle gespielt haben, als Herr *Wieland*. Ich mag es nicht wieder erzählen, was Leute, die ihn in K** B** persönlich gekannt haben, von ihm zu erzählen wissen. Was geht uns das Privatleben eines Schriftstellers an? Ich halte nichts davon, aus diesem die Erläuterungen seiner Werke herzuholen« (Lessing im 7. Literaturbrief, 18. Januar 1759).

11 f. Die Bacchus- oder Dionysos-Orgien feierten die männliche Zeugungskraft, die Eleusinischen Mysterien, die als Orgien aufgefaßt wurden, die weibliche Fruchtbarkeit. Hauptgöttin war Demeter-Ceres.

15 f. Bacchus, komme hierher, dein Füllhorn strotze von Trauben, / Und aus Ähren ein Kranz schmücke dir, Ceres, das Haupt (Tibull II 1; F. W. Lenz).

18. Meister in Israel: Joh. 3, 10. Gemeint ist Michaelis.

19. An den Aristius Fuscus. »Wer unsträflich lebet, von Lastern rein ist, / Der bedarf des Mauren Geschoß und Bogen / Nicht, verschmäht den Köcher voll giftgetränkter / Pfeile, mein Fuscus. / . . . (3) Denn ein Wolf im stillen Sabiner Haine, / Als ich meine Lalage sang, und sorglos / Über meine Gränze geschweift war, sah mich / Wehrlos – und wich mir. / (4) Ungeheurer haben die Eichenwälder / Dauniens kein Unthier genähret, noch das / Weite Reich des Juba, die wasserarme / Heimath der Löwen. / . . . (6) . . . Lieb ich meine Lalage, die so reizend / Lächelt, so süß spricht« (Horaz, *Oden* I 22; Ramler).

20 f. Orgien vertragen weder Pentheus noch Orpheus (d. h., sie wurden von Mänaden zerrissen; Bacon, *Works* I 538). In Bacons Deutung der Mythe steht Pentheus für neugierige Untersuchung, Orpheus für besonnene Ratschläge.

ist Horazens typische Ode an Arist[17] erfüllt, daß ein Sänger der süßlächelnden Lalage, die noch süßer küßt als sie lacht, aus sabinischen, apulischen und mauritanischen Ungeheuern Stutzer gemacht hat. – Man kann allerdings ein Mensch seyn, ohne daß man nöthig hat ein Autor zu werden. Wer aber guten Freunden zumuthet, daß sie den Schriftsteller ohne den Menschen denken sollen, ist mehr zu dichterischen als philosophischen Abstractionen aufgelegt. Wagt euch also nicht in die Metaphysick der schönen Künste, ohne in den Orgien[18] und Eleusinischen Geheimnissen vollendet zu seyn. Die Sinne aber sind Ceres, und Bacchus die Leidenschaften; – alte Pflegeltern der schönen Natur.

Bacche! veni dulcisque tuis e cornibus vua
Pendeat, & spicis tempora cinge Ceres[19]!

Sollte diese Rhapsodie gar die Ehre haben einem Meister in Israel zur Beurtheilung anheim zu fallen:

17. Lib. I. Od. 22.

18. Orgia nec Pentheum nec Orpheum tolerant. Baco de Augm. Scient. Lib. II. Cap. XIII.

19. Tibull. Libr. II. Eleg. I.

1. Prosopopee: Personifikation, vgl. Hamanns Fußnote. In der antiken Rhetorik nicht nur von abstrakten Begriffen oder konkreten Dingen, sondern auch von Toten oder Abwesenden, die als Sprechende auftreten.
2. Totengespräche, eine antike satirische Gattung, waren in der Aufklärungszeit sehr beliebt. Boileau, Fontenelle, Friedrich der Große und Wieland schrieben solche Gespräche. David Faßmann publizierte 1718 bis 1740 eine Monatsschrift *Gespräche im Reiche der Toten.*
3. – – wenn ich als Nuß zu jenen zähle (Ovid, *Nux* 19). Ein Beispiel ›heiliger Prosopopee‹ hat Hamann schon mit Jothams Fabel (vgl. S. 83, 31) angeführt. Durch sie kann er als Nuß (Aesthetica in *nuce*) mit Michaelis reden, der im neutestamentlichen Sinn zu den Toten und nicht zu den Lebendigen gehört.
6. Michaelis hatte sich gegen die Autorität der Rabbiner bezüglich des Althebräischen ausgesprochen, ihre Bibelkommentare aber fand er zum Teil besser als gewisse christliche.
7. Die Frankfurter *Ordentliche Wöchentliche Kayserliche Reichs-Postzeitung.*
8 f. Berichte berichte ich. Vielleicht nach Herodot VII 152.
9 f. Homilie ist eine den Bibeltext auslegende Predigt. Die letzte Hälfte der Lowth-Ausgabe von Michaelis erschien erst 1761.
12-14. wie ... heulte: Richt. 5, 28.
15 f. Shakespeare, *Hamlet* I 4.
17 f. sermones fideles: wahre Worte (vgl. 1. Tim. 1, 15; Vulgata: fidelis sermo). Im Gegensatz zu der verschlüsselten Aussage dieser Schrift.
19-21. Die Kunst der Personifikation öffnet ein Feld, das viel weniger eingeengt und weit fruchtbarer ist als die alte Mythologie (Œuvres de Monsieur de Fontenelle. Nouvelle Edition. Tome VIII. Paris 1758. S. 300).
25-36 u. 101, 4-34. In der Schriftauslegung begegnen zwei Ausschweifungen. Die eine setzt in der Schrift eine solche Vollkommenheit voraus, daß auch jede und alle Philosophie aus ihren Quellen fließen müsse und jede andere Philosophie eine gottlose und heidnische Sache sein müßte. Diese Maßlosigkeit hat vornehmlich in der Schule Paracelsus', aber auch bei anderen, stark zugenommen, ihren Ursprung hat sie jedoch bei den Rabbinern und Kabbalisten. Diese Leute erreichen dennoch ihr

(weiter S. 100)

so laßt uns ihm in heiliger Prosopopee[20], die im Reiche der Todten eben so willkommen als im Reiche der Lebendigen ist (– – si NVX modo ponor in illis) entgegen gehen:

Hoch- und Wohl-gelahrtester
Rabbi!

»Des heiligen Römischen Reichs Postillon, der auf dem Schilde seines Wapens zum Wahlspruch: Relata refero, trägt, hat mich zur letzten Hälfte der Homilien de sacra poesi recht lüstern gemacht. Ich brenne darnach – und warte umsonst bis auf den heutigen Tag, wie die Mutter des Hazoritischen Feldhauptmanns nach dem Wagen ihres Sohns zum Fenster aussahe, und durchs Gitter heulte – – Verdenken Sie es mir also nicht, wenn ich gleich dem Gespenst im Hamlet durch Winke mit Ihnen rede, biß ich gelegnere Zeit haben werde, mich durch sermones
[202] fideles[21] zu erklären. Werden Sie es ohne Beweiß

20. L'art de personifier ouvre un champ bien moins borné et plus fertile que l'ancienne Mythologie. Fontenelle sur la Poesie en general. Tom. VIII.

21. Joh. III, 11. – Der gröbsten Unwissenheit, die es sich am ersten einfallen lassen dörfte, gegenwärtige Nachahmung der kabbalistischen Schreibart für gut oder arg auszuschreyen, sucht man mit nachfolgender Stelle vorzubeugen: In interpretandi modo duo interueniunt excessus. Alter eiusmodi praesupponit in Scripturis perfectionem, vt etiam omnis Philosophia ex earum fontibus peti debeat, ac si Philosophia alia quaeuis res profana esset & ethnica. Haec intemperies in schola Paracelsi praecipue, nec non apud alios inualuit; initia autem eius à Rabbinis & CABBALISTIS defluxerunt. Verum istiusmodi homines non id assequuntur, quod volunt: neque enim honorem, vt putant, Scripturis deferunt, sed easdem potius deprimunt & polluunt. – Quemadmodum enim Theologiam in Philosophia quaerere, perinde est ac si viuos quaeras inter mortuos: ita Philosophiam in Theologia quaerere, non aliud

Ziel nicht, denn sie bringen der Schrift nicht Ehre, wie sie glauben, sondern sie erniedrigen sie und beflecken sie eher. – Denn wie die Suche nach der Theologie in der Philosophie nichts anderes ist, als die Lebendigen unter den Toten zu suchen, so ist die Suche nach der Philosophie in der Theologie auch nichts anderes, als die Toten unter den Lebendigen zu suchen. Die andere Auslegungsart, die wir als Ausschweifung bestimmten, scheint auf den ersten Blick nüchtern und rein, bringt aber in Wirklichkeit der Schrift Schande und der Kirche Schaden. Sie besteht, mit einem Wort, darin, daß man die göttlich inspirierte Schrift wie menschliche Schriften auslegt. Es ist aber zu bedenken, daß Gott als dem Urheber der Schrift jenes beides bekannt ist, das sich dem menschlichen Geiste entzieht: die Geheimnisse des Herzens und die Zukunft. Weil die Worte der Schrift so sind, daß sie auf die Herzen zielen und aller Zeiten Umschwünge begreifen, mit einer ewigen und sicheren Voraussicht aller Irrlehren, alles Widerspruchs und des wechselnden und wandelbaren Standes der Kirche, sowohl im Allgemeinen als in den auserwählten Einzelnen, deshalb sind die Worte der Schrift nicht nur nach der vollen Tragweite und dem offenbaren Sinn der Stelle oder mit Hinsicht auf die Gelegenheit, bei der diese Worte geäußert wurden, oder genau aus dem Zusammenhange der vorangehenden und folgenden Worte oder in Erwägung ihres nächsten Zweckes auszulegen, sondern so, daß wir bei der Schriftbetrachtung die unzähligen Quellen und Bäche der Lehre (weiter S. 102)

2. Joh. Amos Comenius (1592–1670): Schwärmer, weil er Bischof der mährischen Brüder war und außerdem eine Pansophie und einen Apokalypse-Kommentar schrieb. Mit *Orbis pictus sensualium* (1657) versuchte er mit großem Erfolg, den Unterricht anschaulicher zu machen. Berühmt war außerdem *Janua Linguarum* (1631), eine mehrsprachige Fibel.

3. Friedrich Muzelius (1684–1753): Schulmann und Philologe; u. a. *Vocabularium grammaticale latinum, für die anfangende Jugend zum leichten und nützlichen Gebrauch nach der Grammatica eingerichtet* (1747).

35 f. Wohl: »Comenio igitur prorsus assentior, Januam linguarum et Encyclopaediolam debere esse idem.« Deshalb stimme ich Comenius ganz und gar bei, daß *Janua Linguarum* und eine kleine Enzyklopädie ein und dasselbe sein sollen.

wohl glauben, daß des berühmten Schwärmers, Schulmeisters und Philologen Amos Comenius[22] Orbis pictus und Muzelii Exercitia viel zu gelehrte Bücher

est, quam mortuos inter viuos. Alter autem interpretandi modus (quem pro excessu statuimus) videtur primo intuitu sobrius & castus; sed tamen & Scripturas ipsas dedecorat, & plurimo Ecclesiam afficit detrimento. Is est (vt verbo dicamus) quando Scripturae diuinitus inspiratae eodem, quo scripta humana, explicantur modo. Meminisse autem oportet, DEO, Scripturarum Auctori, duo illa patere, quae humana ingenia fugiunt: Secreta nimirum cordis & successiones temporis. – – Quum Scripturarum dictamina talia sint, vt ad cor scribantur, & omnium seculorum vicissitudines complectantur; cum aeterna & certa praescientia omnium haeresium, contradictionum & status Ecclesiae varii & mutabilis, tum in communi, tum in electis singulis: interpretandae non sunt solummodo secundum latitudinem & obuium sensum loci: aut respiciendo ad occasionem, ex qua verba erant prolata: aut praecise ex contextu verborum praecedentium & sequentium; aut contemplando scopum dicti principalem: sed sic, vt intelligamus, complecti eas, non solum totaliter, aut collectiue, sed distributiue, etiam in clausulis & vocabulis singulis, innumeros doctrinae riuulos & venas, ad Ecclesiae singulas partes & animas fidelium irrigandas. Egregie enim obseruatum est, quod Responsa Saluatoris nostri ad quaestiones non paucas, ex iis, quae proponebantur, non videntur ad rem, sed quasi impertinentia. Cuius rei causa duplex est. Altera, quod quum cogitationes eorum, qui interrogabant, non ex verbis, vt nos homines solemus, sed immediate & ex sese cognouisset, ad cogitationes eorum, non ad verba respondet: Altera, quod non ad eos solum locutus est, qui tunc aderant, sed ad nos etiam, qui viuimus & ad omnis aeui ac loci homines, quibus Euangelium fuerit praedicandum. Quod etiam in aliis Scripturae locis obtinet. Baco de Augm. Lib. IX.

22. S. die Kortholtsche Samml. der Briefe des H. von Leibnitz. Vol. 3. Ep. 29.

wahrnehmen, die nicht nur insgesamt oder in dem Ganzen der Schrift, sondern an jeder Stelle, auch in den einzelnen Sätzen und Worten, zur Labung der einzelnen Teile der Kirche und der Seelen der Gläubigen rinnen. Denn es ist vortrefflich beobachtet worden, daß unseres Heilandes Antworten auf nicht wenige der Fragen, die ihm gestellt wurden, nicht zur Sache gehörig scheinen, sondern sie gleichsam nicht angehen. Dies hat eine doppelte Ursache: Die eine ist, daß er, da er die Gedanken der Fragenden nicht aus ihren Worten, wie wir Menschen tun, sondern unmittelbar und aus sich selbst wußte, auf ihre Gedanken und nicht auf ihre Worte antwortet; die andere ist, daß er nicht zu denen allein sprach, die damals zugegen waren, sondern auch zu uns, die wir jetzt leben, und zu den Menschen jedes Zeitalters und jedes Ortes, denen das Evangelium gepredigt werden sollte. Und dies hat auch Gültigkeit für andere Stellen der Schrift (Bacon, *Works* I 835 f.).

2 f. Kinder müssen wir werden: Matth. 18, 3.

3-6. Geist . . . nicht: Joh. 14, 17.

20 f. tödtenden Buchstabens: 2. Kor. 3, 6.

21 f. Anspielung auf Michaelis' Betonung der geographischen und klimatischen Faktoren in seiner Bibelexegese.

23 f. der Wind bläst: Joh. 3, 8.

28-30. O empörendes Verbrechen! Die kostbare Schrift zerstören? / Eher werde der Gesetze ehrwürdige Macht gebrochen. / Bacchus und hohe Ceres, eilet zu Hilfe – – (*Anthologia Latina* 672, 4, 20, 8. Von der Vernichtung der *Aeneis.*)

33 f. George Benson (1699–1762), liberaler presbyterianischer Theologe. Veröffentlichte mehrere Paraphrasen neutestamentlicher Schriften mit ausführlichen Noten. Von dem ›theologischen Hofrath‹ Michaelis war seine Paraphrase des Jakobsbriefes übersetzt worden. In der Übersetzung *Dr. George Bensons Paraphrastische Erklärung und Anmerkungen über einige Bücher des Neuen Testaments I* (1761, von J. P. Bamberger) verwirft er die Lehre vom mehrfachen Schriftsinn in einer einleitenden *Abhandlung von der Einheit des Verstandes der heiligen Schrift, darin gezeigt wird, daß keine Stelle der heiligen Schrift mehr als einen einzigen Verstand habe.* Er geht von der Homer-Auslegung aus und schließt sich Houdart de la Motte an, der, ohne Griechisch zu können, aus der Prosaübersetzung

(weiter S. 104)

für Kinder sind, die sich noch im bloßen Buch-sta-bi-ren üben – – und wahrlich, wahrlich, Kinder müssen wir werden, wenn wir den Geist der Wahrheit empfahen sollen, den die Welt nicht fassen kann, denn sie sieht ihn nicht, und (wenn sie ihn auch sehen sollte) kennt ihn nicht. – – Vergeben Sie es der Thorheit meiner Schreibart, die sich so wenig mit der mathematischen Erbsünde Ihrer ältesten, noch mit der witzigen Wiedergeburt Ihrer jüngsten [203] Schriften reimt, wenn ich ein Beyspiel aus der Fibel borge, die ohne Zweifel älter als die Bibel seyn mag. Verlieren die Elemente des A B C ihre natürliche Bedeutung, wenn sie in der unendlichen Zusammensetzung willkührlicher Zeichen uns an Ideen erinnern, die, wo nicht im Himmel, doch im Gehirn sind? – – Falls man aber die ganze verdienstliche Gerechtigkeit eines Schriftgelehrten auf den Leichnam des Buchstabens erhöht; was sagt der Geist dazu? Soll er nichts als ein Kammerdiener des todten oder wohl gar ein bloßer Waffenträger des tödtenden Buchstabens seyn? Das sey ferne! – – Nach Dero weitläuftigen Einsicht in physischen Dingen wissen Sie besser, als ich Sie daran erinnern kann, daß der Wind bläst, wo er will – Ungeachtet man sein Sausen wohl hört; so ersieht man doch am wankelmüthigen Wetterhahn, von wannen er kommt, oder vielmehr, wohin er fährt – –«

Ah scelus indignum! soluetur litera diues?
Frangatur potius legum veneranda potestas.
Liber & alma Ceres succurrite! – –[23]

23. S. Kaysers Octauii Augusti poetisches Edict, kraft dessen Virgils letzter Wille de abolenda Aeneide aufgehoben seyn soll – – Man kann mit beyden Händen zugeben, was D. George Benson über die Einheit des Verstandes mit wenig Nachsinn, Wahl und Salbung mehr zusammengeraft als ausgearbeitet.

der Anne Dacier eine Iliade von 12 Gesängen zusammenschrieb und zu der von Frau Dacier behaupteten Mehrdeutigkeit einer Homer-Stelle nach Benson ›folgende richtige Anmerkung‹ machte: »wenn dies wahr ist, so ist es ein greslicher Fehler in dem Homer« (4). Der bekannte Theologe Samuel Clarke (1675 bis 1729) verfaßte eine lateinische Homer-Übersetzung, in der er an der »Einheit des Verstandes« festhielt, während er in seiner *Paraphrase on the four Evangelists* nach Benson leider an einem mehrfachen Sinn vieler Schriftstellen festhielt (12).

9. Sparren, Balken: Matth. 7, 3.
12 f. das Geschöpf . . . geehrt wird: Röm. 1, 25.
18-22. »Die gemeine und grammaticalische, oder die rhetorische und figürliche Bedeutung der Wörter; die Zeit und der Ort; der Karakter und die Umstände, in welchen sich der Redner oder Schreiber befunden hat; und die Beziehung, die eine jede Stelle mit seinem Hauptzweck hat, oder der Zusammenhang; dieses alles wird den Ausleger in den meisten Fällen lehren, wie er Geschichten von Gleichnissen und Allegorien, und buchstäbliche Vorstellungen von mystischen und figürlichen sehr leicht unterscheiden könne« (Benson S. 20 f.).
23 f. gen Himmel . . . Meer: 5. Mose 30, 11-13.
23. Schlüssel ihrer Erkenntnis: Luk. 11, 52.
24 f. in die Gegenden solcher Schatten: Homer, *Odyssee* 11. Gesang.
31 f. Schlüssel . . . Hölle: Offb. 1, 18.
35. Leben im Blute: 3. Mose 17, 10-14.
37. εν παραβολη: zum Vorbilde (vgl. Hebr. 11, 19).
38. Bäche . . . verwandelt: 2. Mose 7, 17-24; Offb. 16, 1-4.
39. erstickt: vgl. Motto aus Hiob 32, 19-22.

Die Meynungen der Weltweisen sind Lesarten der Natur und die Satzungen der Gottesgelehrten, Lesarten der Schrift. Der Autor ist der beste Ausleger

Wenn er uns einige irrdische Sätze über die Einheit der Lesart hätte mittheilen wollen; so würde uns seine Gründlichkeit sinnlicher fallen – – Man kann ohn ein sehr zweydeutiges Lächeln die vier Bände dieser paraphrastischen Erklärung nicht durchlaufen, und die häufige Stellen verfehlen, wo D. Benson mit einem Sparren des Pabstthums in seinem eigenen Augapfel, über die Splitter der römischen Kirche eyfert – und unsere theologische Hofräthe nachahmt, welche jeden übereilten blinden Einfall laut beklatschen, durch den das Geschöpf mehr als der Schöpfer geehrt wird – – Zuförderst müste man D. George Benson fragen: ob die Einheit mit der Mannigfaltigkeit nicht bestehen könne? – Ein Liebhaber des Homers läuft gleiche Gefahr durch einen französischen Paraphrasten, wie la Motte, und durch einen tiefsinnigen Dogmatiker, wie Samuel Clarke, die Einheit des Verstandes zu verlieren – – Der buchstäbliche oder grammatische, der fleischliche oder dialectische, der kapernaitische oder historische Sinn sind im höchsten Grade mystisch, und hängen von solchen augenblicklichen, spirituösen, willkührlichen Nebenbestimmungen und Umständen ab, daß man ohne hinauf gen Himmel zu fahren, die Schlüssel ihrer Erkenntnis nicht herabholen kann, und keine Reise über das Meer noch in die Gegenden solcher Schatten scheuen muß, die seit gestern oder vorgestern, seit hundert oder tausend Jahren – Geheimnisse! – geglaubt, geredt, gelitten haben, von denen uns die allgemeine Weltgeschichte kaum so viel Nachricht giebt, als auf dem schmallsten Leichenstein Raum hat, oder als Echo, die Nymphe vom lakonischen Gedächtnisse, auf einmal behalten
[204] kann. – – Derjenige muß freylich die Schlüssel des Himmels und der Hölle haben, der uns die Projecte vertrauen will, die Gedankenreiche Schriftsteller an einem kritischen Ort zur Bekehrung ihrer ungläubigen Brüder schmieden. – – Weil Moses das Leben im Blute setzt, so gräuelt allen getauften Rabbinen vor der Propheten Geist und Leben, wodurch der Wortverstand, als ein einzig Schooskind εν παραβολη aufgeopfert, und die Bäche morgenländischer Weisheit in Blut verwandelt werden. – – Die Anwendung dieser erstickten Gedanken gehört

13. Entäußerung: Phil. 2, 7.
16 f. unendlichen . . . erfüllt: Eph. 1, 19-23.
18. zuthätig: sich einem Höheren zuthuend, sich durch Gefälligkeit um seine Gunst bewerbend (Adelung).
21. Geist und Wahrheit: Joh. 4, 23.
25. Eckstein: Ps. 118, 22. Vielleicht Anspielung auf Voltaires *Idée de la Henriade*: »Le point le plus important est la religion, qui fait en grande partie le sujet du poëme, et qui en est le seul dénouement« (Œuvres completes de Voltaire. De L'Imprimerie de la Société Littéraire-Typographique 1785. Tome X, S. 45). (Die Hauptsache ist die Religion, die zu einem großen Teil den Gegenstand des Gedichtes bildet und die allein die Lösung bringt.)
27 f. Abstracta . . . conueniunt: Ungenau aus Bengels Kommentar zu Matth. 1, 20, »denn das in ihr geboren ist, das ist von dem heiligen Geist«. Der Sinn des Halbzitats: den verborgenen Anfängen ziemt der unbestimmte, abstrakte Ausdruck, der Reife der deutliche, konkrete. Bei Bengel soll gesagt werden, daß es erst in der Fülle der Zeit offenbar wird, daß das Ungeborene der Sohn Gottes, Messias ist, bei Hamann, daß die Zeit den von Benson geleugneten, den unter dem rein geschichtlichen verborgenen typologischen oder prophetischen ›Wortverstand‹ deutlich und offenbar macht und machen wird.
Johann Albrecht Bengel (1687–1752), führender Theologe des schwäbischen Pietismus. Bedeutender Philologe und Exeget. Seine Gedanken über die Heilsökonomie Gottes gaben Hamann entscheidende Anregungen. Nach dem Gelehrtenlexikon von Jöcher-Adelung ließ er »aber schon sehr frühe einen Hang zur übertriebenen Frömmigkeit blicken« und hinterließ »den Ruhm eines zwar gelehrten aber auch nicht wenig zur Schwärmerey geneigten Theologen«.
28. Sonnenweiser: *Gnomon Novi Testamenti* (1742). Gnomon = Sonnenweiser oder -zeiger.
29. plane . . . index: Hamann benützt das Wortspiel Ciceros *(Ad Atticus* XIII 46: Durchaus ein Daumen, kein Zeigefinger) zu humoristischer Unterstreichung der Wichtigkeit des Angedeuteten.
32-34. Die einzige Politik in einem Gedicht soll die sein, gute Verse zu machen (Voltaire, *Idée de la Henriade*, a. a. O., S. 44).

204] seiner Worte; Er mag durch Geschöpfe – durch Begebenheiten – oder durch Blut und Feuer und Rauchdampf[24] reden, worinn die Sprache des Heiligthums besteht.

Das Buch der Schöpfung enthält Exempel allgemeiner Begriffe, die GOTT der Kreatur durch die Kreatur; die Bücher des Bundes enthalten Exempel geheimer Artickel, die GOTT durch Menschen dem Menschen hat offenbaren wollen. Die Einheit des Urhebers spiegelt sich bis in dem Dialecte seiner Werke; – in allen Ein Ton von unermäslicher Höhe und Tiefe! Ein Beweiß der herrlichsten Majestät und leersten Entäußerung! Ein Wunder von solcher unendlichen Ruhe, die GOTT dem Nichts gleich macht, daß man sein Daseyn aus Gewissen leugnen oder ein Vieh[25] seyn muß; aber zugleich von solcher unendlichen Kraft, die Alles in Allen erfüllt, daß man sich vor seiner innigsten Zuthätigkeit nicht zu retten weiß! –

Wenn es auf den Geschmack der Andacht, die im philosophischen Geist und poetischer Wahrheit besteht, und auf die Staatsklugheit[26] der Versification ankommt; kann man wohl einen glaubwürdigern Zeugen als den unsterblichen Voltaire anführen, welcher beynahe die Religion für den Eckstein der epischen Dichtkunst erklärt, und nichts mehr beklagt,

für keinen verwöhnten Magen. – Abstracta initiis occultis; Concreta maturitati conueniunt, nach Bengels Sonnenweiser – (plane pollex, non index).

24. Apostelgesch. II, 19.

25. Ps. LXXIII, 21. 22.

26. La seule politique dans un Poeme doit être de faire de bons vers, sagt der Herr von Voltaire in seinem Glaubensbekenntnis über die Epopee.

7 f. Voltaire, *Le Temple du Goût* (1733).

11. Grammatici ... est: darüber streiten / die Sprachgelehrten, und der Handel ist / noch unentschieden (Horaz, *De arte poetica* 78; Wieland).

13. Die »gallikanische Kirche« ist die eine Sonderstellung behauptende katholische Kirche Frankreichs.

14. Schwefelblume: der feinste Theil des Schwefels, welcher in der Retorte durch die Hitze des Feuers in die Höhe getrieben wird (Adelung). Der Naturalismus ist also Produkt einer Läuterung wie die in 1. Mose 19, 24-28 beschriebene.

14. Naturalismus: Eine Religion ist naturalistisch, wenn sie keine Offenbarung einräumt (Kant, *Der Streit der Fakultäten*).

17-20. Die mythologischen Fabeln scheinen wie ein zarter Lufthauch zu sein, aus den Überlieferungen weit älterer Völker in die Hirtenflöten der Griechen geraten (Bacon, *Works* I 521).

21 f. Ob ein Mensch urteilen kann oder nicht, er hat den gleichen Nutzen von Ihren Werken. Er hat nur Gedächtnis nötig.

24 f. Das ziemt ja wol einem Rhapsoden nicht vergeßlich zu sein (Platon, *Ion* 539 e).

26. Photius (820–91), Patriarch von Konstantinopel, berühmter Theologe und Gelehrter.

26 f. Joh. Christoph Wolf (1683–1739): Theologe und guter Philologe. Die Photius-Stelle in *Curae philologicae et criticae* IV, Hamburg 1735.

31-34. Man sollte bemerken, daß auch andere derartige, aus bösem Gemüt und in blutrünstiger Aufwallung gesagte Worte am Ende Prophezeiungen gewesen sind.

34. Ianus bifrons: zweigesichtiger römischer Gott der Türen und der Tore, des Anfangs und des Endes.

37. Herren und Diener: Anspielung auf das Buch *Der Herr und der Diener* (1757) von Friedrich Karl von Moser (vgl. N II 135, 22).

als daß seine Religion[27] das Widerspiel der Mythologie sey? –

Bacon stellt sich die Mythologie als einen geflügelten Knaben des Äolus vor, der die Sonne im Rücken, Wolken zum Fußschemel hat, und für die lange Weile auf einer griechischen Flöte pfeift[28].

205] Voltaire aber, der Hohepriester im Tempel des Geschmacks schlüßt so bündig als Kaiphas[29], und denkt fruchtbarer als Herodes[30]. Wenn unsere Theo-

27. Was der Herr von Voltaire unter Religion verstehen mag, Grammatici certant & adhuc sub Iudice lis est; hierum hat sich auch der Philolog so wenig als seine Leser zu bekümmern. Man mag die Freyheiten der gallikanischen Kirche, oder die Schwefelblumen des geläuterten Naturalismus dafür ansehen: so werden beyde Erklärungen der Einheit des Verstandes keinen Eintrag thun.

28. Fabulae mythologicae videntur esse instar tenuis cuiusdam aurae, quae ex traditionibus nationum magis antiquarum in Graecorum fistulas inciderunt. De Augm. Scient. Lib. II, Cap. XIII.

29. Qu'un homme ait du jugement ou non, il profite egalement de vos ouvrages: il ne lui faut que de la MEMOIRE, sagt ein Schriftsteller, in dessen Munde Weissagung ist, dem Herrn von Voltaire ins Gesicht – – Και τοι ουκ αν πρεποι γε επιλησμονα ειναι ραψῳδον ανδρα. Sokrates in Platons Jon.

30. Photius (in den Amphilochiis Quaest. CXX, welche Joh. Chr. Wolf seinem Füllhorn philologischer und kritischer Grillen angesetzt hat) sucht in den Worten Herodes zu den Weisen aus Morgenland: »damit ich auch komme, und ihn anbete« eine Prophezeyung, vergleicht sie mit Kaiphas Ausspruch Joh. XI, 49–52. und macht die Anmerkung: Ιδοις δ'αν παραπλησιως τουτοις και ετερα τινα κακουργῳ μεν γνωμῃ και ορμῃ μιαιφονῳ προενηνεγμενα, περας δε προφητικον ειληφοτα. Photius denkt sich im Herodes einen Ianus bifrons, der nach seinem Geschlechte die Heiden, nach seiner Würde die Juden vorstellte. – Sehr viele hämische und unnütze Einfälle, (womit sich Herren und Diener brüsten) würden ein ganz ander Licht für uns gewinnen, wenn wir uns bisweilen erinnern

2-4. Anspielung auf Young und, wie der Kontext nahelegt, Charles Perraults *Paralleles des Anciens et des Modernes* (1688 bis 1697), nach denen Pascal größer als Platon ist, und Boileau Horaz und Juvenal überflügelt. Fontenelle stützte ihn, während Boileau protestierte.

5-7. Taugt ... aussehen: vgl. *Kleeblatt Hellenistischer Briefe* 2 (N II 175, 28-176, 19) und *Sokratische Denkwürdigkeiten*, ›Einleitung‹ (s. S. 17, 16-24; 27, 1-11).

7. Pharaons Kühe: 1. Mose 41, 3.

7. Fee: eine Art erdichteter Untergöttinnen, welche die Einbildungskraft wider alle Kenntniß der Naturkräfte ersonnen, und die dem Französischen Witze reichen Stoff zu einer Menge Erdichtungen Anlaß gegeben hat, welche Feenmärchen genannt werden (Adelung). Die berühmtesten waren Charles Perraults *Contes de ma mere l'oye* (1697), auf die Hamann in einer Fußnote anspielt (N II 228, 31).

10 f. Kalender: vgl. S. 43, 5. Im Sprachgebrauch der Zeit war Kalendermacher oft Astrolog oder Schwindler. Vgl. Andreas Gryphius, *Absurda Comica Oder Herr Peter Squentz*, 1. Aufzug: »Drum haben unsere lieben Alten gesaget; du leugest wie ein Calendermacher.«

14. M.: Magister und römische Zahl für 1000, die Hälfte davon, 500, wird römisch mit D bezeichnet, zugleich die Abkürzung für Doktor. Vgl. 14. Literaturbrief.

15 f. demonstrieren: beweisen.

24. Nachahmung der schönen Natur: die klassizistische Formel, deren Gültigkeit für alle Künste Charles Batteux in seinem Werk *Les Beaux-Arts réduits à un même principe* (1746) energisch verfochten hatte. Es wurde ins Deutsche übersetzt und lebhaft debattiert.

24. B. Nieuwentyt (1654–1720). Arzt, Naturwissenschaftler und Philosoph. Hauptwerk: *Rechter Gebrauch der Weltbetrachtung zur Erkenntniß der Macht und Güte Gottes*, holl. 1715, dt. 1731 und 1747.

33-35. Quand ... effet: Wenn man erst versteht, die mythologischen Bilder auf eine neue Art zu verwenden, werden sie gewiß eine große Wirkung haben (Fontenelle, a. a. O., S. 296). Nach Wiener lautet Hamanns Note: Fontenelle, ein Spötter der Mythologie.

logie nämlich nicht so viel werth ist als die Mythologie: so ist es uns schlechterdings unmöglich, die Poesie der Heyden zu erreichen – geschweige zu übertreffen; wie es unserer Pflicht und Eitelkeit am gemäßesten wäre. Taugt aber unsere Dichtkunst nicht: so wird unsere Historie noch magerer als Pharaons Kühe aussehen; doch Feenmährchen und Hofzeitungen ersetzen den Mangel unserer Geschichtschreiber. An Philosophie lohnt es garnicht der Mühe zu denken; desto mehr systematische Kalender! – mehr als Spinneweben in einem verstörten Schlosse. Jeder Tagedieb, der Küchenlatein und Schweitzerdeutsch mit genauer Noth versteht, dessen Name aber mit der ganzen Zahl M. oder der halben des akademischen Thieres gestempelt ist, demonstrirt Lügen, daß Bänke und die darauf sitzende Klötze Gewalt! schreyen müssen, wenn jene nur Ohren hätten und diese, wiewohl sie der leidige Spott Zuhörer nennt, mit ihren Ohren zu hören geübt wären. – – –

»Wo ist Euthyphrons Peitsche, scheues Gaul?
daß mein Karren nicht stecken bleibt – – –«

Mythologie hin! Mythologie her![31] Poesie ist eine Nachahmung der schönen Natur – und Nieuwentyts, Newtons und Büffons Offenbarungen werden doch wohl eine abgeschmackte Fabellehre vertreten können? – – Freylich sollten sie es thun, und würden es auch thun, wenn sie nur könnten – Warum geschieht es denn nicht? – Weil es unmöglich ist; sagen eure Poeten.

möchten: ob sie von sich selbst reden oder weissagend verstanden werden müssen? – –

31. Fontenelle sur la Poesie en general. Quand on saura employer d'une maniere nouvelle les images fabuleuses, il est sûr qu'elles feront un grand effet.

10 f. was Wahrheit ist: Joh. 18, 38.
14. Brodt essen wollt: Matth. 15, 2.
14. Bluturtheile: Matth. 27, 24.
16-18. Vgl. *Novum Organon,* Aph. 51: Der menschliche Verstand neigt seiner eigenen Natur nach zu Abstraktionen ... aber es ist besser, die Natur in ihre gehörigen Teile zu zerlegen als zu abstrahieren. Hamann spielt auf die gängige Übersetzung ›abziehen‹ an, das auch ›schinden‹ bedeutet. Vgl. auch Übersetzung der Anmerkung 40.
18 f. Anspielung auf die jüdischen Steinigungen der Zeugen der Wahrheit, Apg. 7, 55 f.
22. Tag: 1. Mose 1, 16.
23. Sand am Ufer des Meeres: Jer. 33, 22.
29-31. mit fremdem Licht ... (Catull 34, 15 f.)
32-34. – – unter allen funkelt das julische Gestirn wie der Mond unter den kleinen Himmelslichtern (Horaz, *Oden* I 12).

206] Die Natur würkt durch Sinne und Leidenschaften. Wer ihre Werkzeuge verstümmelt, wie mag der empfinden? Sind auch gelähmte Sennadern zur Bewegung aufgelegt? – –

Eure mordlügnerische Philosophie hat die Natur aus dem Wege geräumt, und warum fordert ihr, daß wir selbige nachahmen sollen? – Damit ihr das Vergnügen erneuren könnt, an den Schülern der Natur auch Mörder zu werden –

Ja, ihr feinen Kunstrichter! fragt immer was Wahrheit ist, und greift nach der Thür, weil ihr keine Antwort auf diese Frage abwarten könnt – Eure Hände sind immer gewaschen, es sey, daß ihr Brodt essen wollt, oder auch, wenn ihr Bluturtheile gefällt habt – Fragt ihr nicht auch: Wodurch ihr die Natur aus dem Wege geräumt? – – – Bacon beschuldigt euch, daß ihr sie durch eure Abstractionen schindet. Zeugt Bacon die Wahrheit; wohlan! so werft mit Steinen – und sprengt mit Erdenklößen oder Schneeballen nach seinem Schatten – – –

Wenn eine einzige Wahrheit gleich der Sonne herrscht; das ist Tag. Seht ihr an statt dieser einzigen so viel, als Sand am Ufer des Meeres; – hiernächst ein klein Licht[32] das jenes ganze Sonnenheer am Glanz übertrift[33]; das ist eine Nacht, in die sich Poeten und Diebe verlieben. – – Der Poet[34] am Anfange der Tage ist derselbe mit dem Dieb[35] am Ende der Tage – –

32. – – & notho – – –
– lumine –
Catull. Carm. Sec. ad Dian.

33. – – micat inter omnes
Iulium sidus, velut inter ignes
Luna minores. Horat. Lib. I. Od. XII.

34. 2 Kor. IV, 6.

35. Offenb. XVI, 15.

2. jenes Licht: Joh. 1, 5-10.
2. Erstgeburt der Schöpfung: Kol. 1, 15 f.
3. Bauch euer Gott: Phil. 3, 19.
4. Haare eures Hauptes: Matth. 10, 30.
5 f. wechselsweise . . . Götze: Jes. 44, 9-20; Röm. 1, 25.
6-8. Wider . . . Eitelkeit: Röm. 8, 19-23.
11-14. Thiere . . . heißen: 1. Mose 2, 19.
20. Leutseeligkeit: Tit. 3, 4.
21. zu sehen und zu schmecken: Ps. 34, 9.
31. – das Ebenbild des unsichtbaren Gottes.
32 f. ϑειας . . . φυσεως: teilhaftig der göttlichen Natur. συμμορφους . . . αυτου: gleich dem Ebenbilde seines Sohnes.

Alle Farben der schönsten Welt verbleichen: so bald ihr jenes Licht, die Erstgeburt der Schöpfung, erstickt. Ist der Bauch euer Gott: so stehen selbst die Haare eures Hauptes unter seiner Vormundschaft. Jede Kreatur wird wechselsweise euer Schlachtopfer und euer Götze. – Wider ihren Willen – aber auf Hofnung – unterworfen, seufzet sie unter dem Dienst oder über die Eitelkeit; sie thut ihr Bestes eurer Tyranney zu entwischen, und sehnt sich unter den brünstigsten Umarmungen nach derjenigen Freyheit, womit die Thiere Adam huldigten, da GOTT sie zu dem Menschen brachte, daß er sähe, wie er sie nennte; denn wie der Mensch sie nennen würde, so sollten sie heißen.

Diese Analogie des Menschen zum Schöpfer er- [207] theilt allen Kreaturen ihr Gehalt und ihr Gepräge, von dem Treue und Glauben in der ganzen Natur abhängt. Je lebhafter diese Idee, das Ebenbild des unsichtbaren GOttes[36] in unserm Gemüth ist; desto fähiger sind wir Seine Leutseeligkeit in den Geschöpfen zu sehen und zu schmecken, zu beschauen und mit Händen zu greifen. Jeder Eindruck der Natur in dem Menschen ist nicht nur ein Andenken, sondern ein Unterpfand der Grundwahrheit: Wer der HERR ist. Jede Gegenwürkung des Menschen in die Kreatur ist Brief und Siegel von unserm Antheil an der Göttlichen Natur[37], und daß wir Seines Geschlechts[38] sind.

O eine Muse wie das Feuer eines Goldschmieds, und wie die Seife der Wäscher[39]! – – Sie wird es

36. – εικων του Θεου του αορατου. Koloss. I, 15.

37. – – θειας κοινωνοι φυσεως. 2. Petr. I, 4. συμμορφους της εικονος του υιου αυτου. Röm. 8, 29.

38. Apostelgesch. XVII, 27. etc.

39. Malcachi III, 2.

5-7. Ich ... Schlüssel: Die Gnostiker waren eine synkretistische, leibfeindliche Sekte der ersten nachchristlichen Jahrhunderte, die gleichzeitig in dem Ruf sinnlicher Ausschweifungen stand. Sie suchte, den Volksglauben (pistis) hinter sich lassend, eine Erkenntnis (gnosis) höherer Wahrheiten. Dieselben Züge: Verwerfung des einfachen Glaubens, des Leibgebundenen und Kreatürlichen der konkreten menschlichen Existenz bei gleichzeitigem Libertinismus, findet Hamann für die zeitgenössische rationalistische Philosophie charakteristisch, deren Hauptvertreter der gewesene Kammerherr Friedrichs des Großen, Voltaire, war. Zeichen dieser Würde war ein Schlüssel. Kammerherr (Kämmerer, Kämmerling) hat bei Hamann die Bedeutung eines verschnittenen Hofbeamten (Eunuchen; vgl. N II 345, 23 bis 27; 347, 12 f.), wobei gleichzeitig mitspielt, daß Voltaire seinem Herrn, wie die Eunuchen den ihrigen, die Tür zu lüsternen (und widernatürlichen) Vergnügungen geöffnet haben sollte. Unter Griechen wären, wenn diese Deutung richtig ist, Winckelmann und seine Schule zu verstehen. Man könnte aber auch, von Luk. 11, 22 ausgehend, hier an den jeglichen Volksglauben verwerfenden, aufklärerischen Hofrat Michaelis denken, dem Hamann, allerdings später, was die leibliche Erkenntnis betrifft, eins auswischte (vgl. N IV 287, 13–17).

13-24. Bacon von der Auslegung der Natur und der Herrschaft des Menschen. Die grundlosen und gleichsam nachgeäfften Weltmodelle, welche die menschliche Phantasie in den mancherlei philosophischen Systemen errichtet hat, muß ich vorher gänzlich schleifen. Man bedenke ja den großen Abstand zwischen den Vorurtheilsgötzen des menschlichen, und zwischen den Ideen des göttlichen Verstandes. Jene sind nichts weiter als willkürliche Abstractionen; diese aber sind das echte Gepräge des Schöpfers auf den Geschöpfen, so wie wir sie in der Körperwelt durch die richtigsten und ausgesuchtesten Formen abgedruckt und bestimmt finden. Wahrheit und Nützlichkeit sind hier also völlig einerlei; und die Werke der Natur [aus ›Erfindungen‹ berichtigt, d. Hrsg.] verdienen mehr darum Achtung, weil sie Unterpfänder der Wahrheit, als weil sie vortheilhaft für das menschliche Leben sind (Bacon, *Works* I 218; Bartholdy).

26. beneficia vitae: Wohltaten des Leibes.

26 f. veritatis pignora: Unterpfänder der Wahrheit.

wagen, den natürlichen Gebrauch der Sinne von dem unnatürlichen Gebrauch der Abstractionen [40] zu läutern, wodurch unsere Begriffe von den Dingen eben so sehr verstümmelt werden, als der Name des Schöpfers unterdrückt und gelästert wird. Ich rede mit euch, Griechen! weil ihr euch weiser dünkt, denn die Kammerherren mit dem gnostischen Schlüssel; – versucht es einmal die Iliade zu lesen, wenn ihr vorher durch die Abstraction die beyden Selbstlauter α und ω ausgesichtet habt, und sagt mir eure Meynung von dem Verstande und Wohlklange des Dichters.

40. Bacon de interpretatione Naturae & regno Hominis. Aphorism. CXXIV. Modulos ineptos mundorum & tanquam simiolas, quas in Philosophiis (in den Theorien der Wissenschaften) phantasiae hominum exstruxerunt, omnino dissipandas edicimus. Sciant itaque homines, quantum intersit inter humanae mentis Idola & diuinae mentis Ideas. Humanae mentis idola nil aliud sunt quam abstractiones ad placitum: Diuinae mentis ideae sunt vera signacula Creatoris super creaturas, prout in materia per lineas veras & exquisitas imprimuntur & terminantur. Itaque ipsissimae res sunt Veritas & Vtilitas: atque Opera ipsa pluris facienda sunt, quatenus sunt veritatis pignora, quam propter vitae commoda (um des Bauchs willen). Anderswo wiederholt er diese Erinnerung, daß man alle Werke der Natur nicht nur als beneficia vitae, sondern auch als veritatis pignora nutzen sollte.

1. Singe den Zorn, o Göttin, des Peleiaden Achilleus (Homer, *Ilias* I 1; Voß). Hamann hat alle Alphas und Omegas des griechischen Textes ausgelassen (vgl. Offb. 1, 8).
2. Masore: ›Überlieferung‹. Apparat und Kommentare der jüdischen Gelehrten des 8. Jh.s zur hebräischen Bibel. Sie sollte einen einheitlichen Text sichern und legte mit Hilfe eines komplizierten Zeichensystems Vokale und Akzente im alten Konsonantentext fest. Außerdem wurden am Schluß eines Textes (masora finalis) und an dessen Rande (masora marginalis) viele Anmerkungen hinzugeschrieben. Bei der masora marginalis wurde zwischen den Randbemerkungen an der Seite, der kleinen Masore (masora parva), und den Bemerkungen oberhalb und unterhalb des Textes, der großen Masore (masora magna), unterschieden. Diese Bemerkungen schlagen andere Lesarten, Verbesserungen und Auslassungen vor, bilden eine teils grammatisch, teils dogmatisch argumentierende Textkritik.
3. Sündfluth: 1. Mose 7, 17-20.
7 f. Salzsäulen: 1. Mose 19, 26.
12. Epikurismum: Nach der Lehre Epikurs ist die Natur ›blind‹, weil die Welten durch zufällige Atomkombinationen (vgl. ›Sonnenstäubchen‹ S. 143, 5) entstehen und vergehen. Anhänger seiner Lehre waren die französischen Skeptiker und ›Libertiner‹ Gassendi, Bayle, Saint-Evremond und Fontenelle.
17. Stoicismus: Anspielung auf die stoische Lehre von der absoluten Notwendigkeit allen Geschehens.
18. diamanten: figürlich, in der höhern Schreibart, glänzend, ingleichen sehr hart, unverletzlich (Adelung).
19. fistuliren: mit unnatürlich hoher Stimme singen, wie ein Kastrat.
20 f. Glieder . . . Mannheit: Röm. 6, 13.
23. jener allegorische Kämmerer: An der wegen ihrer allegorischen Exegese berühmten Theologenschule in Alexandria wirkte der von der Gnosis und dem Neuplatonismus beeinflußte Kirchenlehrer Origenes (185–254), der sich entmannte (vgl. Matth. 19, 12).
27 f. – denn diese Götter selbst lieben den Scherz (Platon, *Kratylos* 406 c).
29-35. Sollen doch, o Freund, in des Zeus dodonäischem Tempel

(weiter S. 120)

Μηνιν ·ειδε Θε· πηληι· δε· χιληος

Seht! die große und kleine Masore der Weltweisheit hat den Text der Natur, gleich einer Sündfluth, überschwemmt. Musten nicht alle ihre Schönheiten und Reichthümer zu Wasser werden? – Doch ihr thut weit größere Wunderwerke, als die Götter sich 208] jemals belustiget[41] haben, durch Eichen[42] und Salzsäulen, durch petrificirte und alchymische Verwandlungen und Fabeln, das menschliche Geschlecht zu überreden -- Ihr macht die Natur blind, damit sie nämlich eure Wegweiserin seyn soll! oder ihr habt euch selbst vielmehr durch den Epikurismum die Augen ausgestochen, damit man euch ja für Propheten halten möge, welche Eingebung und Auslegung aus ihren fünf Fingern saugen. – Ihr wollt herrschen über die Natur, und bindet euch selbst Hände und Füße durch den Stoicismus, um desto rührender über des Schicksals diamantene Fesseln in euren vermischten Gedichten fistuliren zu können. Wenn die Leidenschaften Glieder der Unehre sind, hören sie deswegen auf, Waffen der Mannheit zu seyn? Versteht ihr den Buchstaben der Vernunft klüger, als jener allegorische Kämmerer der alexandrinischen Kirche den Buchstaben der Schrift, der sich selbst zum Verschnittenen machte, um des Himmelreichs willen? Die grösten Bösewichter gegen

41. – φιλοπαιγμονες γαρ και οι Θεοι. Sokrates im Kratylus.

42. Sokrates zum Phädrus: Οι δε ω φιλε εν τῳ του Διος του Δωδωναιου ιερῳ δρυος λογους εφασαν μαντικους πρωτους γενεσθαι· τοις μεν ουν τοτε ατε ουκ ουσι σοφοις, ωσπερ υμεις οι νεοι, απεχρη δρυος δε και πετρας ακουειν υπ' ευηθειας, ει μονον αληθη λεγοιεν. Σοι δ' ισως διαφερει, τις ο λεγων και ποδαπος, ου γαρ εκεινο μονον σκοπεις, ειτε ουτως ειτε αλλως εχει.

einer Eiche Reden die ersten prophetischen gewesen sein. Den damaligen nun, weil sie eben nicht so weise waren als ihr Jüngeren, genügte es in ihrer Einfalt auch der Eiche und dem Stein zuzuhören, wenn sie nur wahr redeten. Dir aber macht es vielleicht einen Unterschied, wer der Redende ist und von wannen. Denn nicht darauf allein siehst du, ob sich so oder anders die Sache verhält (Platon, *Phaidros* 275 b/c).

1. Fürst dieses Äons: Joh. 12, 31. Vielleicht Anspielung auf Friedrich II. Die Franzosen (Gallier) sind dann nicht die französischen Aufklärer im allgemeinen, sondern seine Tafelrunde: Voltaire, d'Argens, La Mettrie, Maupertuis.

3. Korybanten: Begleiter oder Priester der phrygischen Muttergottheit Kybele, die sie mit ausgelassenen Tänzen und wilder Musik feierten.

4. Bauchpfaffe: ein niedriges Schmähwort auf einen Geistlichen, der mehr für die Pflege seines Leibes, als für das Wohl der ihm anvertrauten Gemeine sorget (Adelung).

23 f. öffentlichen . . . Erden: 1. Kor. 4, 9.

26-30: Schnell, wie der Blitz, der in geschwärzter Nacht
Himmel und Erd' in einem Wink entfaltet;
Doch eh' ein Mensch vermag zu sagen: schaut!
Schlingt gierig ihn die Finsterniß hinab.
(Shakespeare, *Ein Sommernachtstraum* I 1, 145; Schlegel).

31-33. Es ist die gewöhnliche Wirkung unserer Unwissenheit, daß wir uns alles als uns ähnlich ausmalen und unser Bild über die ganze Natur breiten (Fontenelle, a. a. O., III 27 f.).

34 f. Eine große Leidenschaft ist eine Art Seele, auf ihre Weise unsterblich und von den Organen fast unabhängig (Fontenelle, a. a. O., VI 460).

sich selbst, macht der Fürst dieses Äons zu seinen Lieblingen; – – seine Hofnarren sind die ärgsten Feinde der schönen Natur, die freylich Korybanten und Gallier zu Bauchpfaffen, aber starke Geister zu wahren Anbetern hat.

Ein Philosoph, wie Saul[43], stellt Mönchengesetze – – Leidenschaft allein giebt Abstractionen sowohl als Hypothesen Hände, Füße, Flügel; – Bildern und Zeichen Geist, Leben und Zunge – – Wo sind schnellere Schlüsse? Wo wird der rollende Donner der Beredsamkeit erzeugt, und sein Geselle – der einsylbichte Blitz[44] – –

Warum soll ich Ihnen, nach Stand, Ehr und Würden unwissende Leser! Ein Wort durch unendliche umschreiben, da sie die Erscheinungen der Leidenschaften allenthalben in der menschlichen Gesellschaft, selbst beobachten können; wie alles, was noch so entfernt ist, ein Gemüth im Affect mit einer besonderen Richtung trift; wie jede einzelne Empfindung 209] sich über den Umkreis aller äußeren Gegenstände verbreitet[45]; wie wir die allgemeinsten Fälle durch eine persönliche Anwendung uns zuzueignen wissen, und jeden einheimischen Umstand zum öffentlichen Schauspiele Himmels und der Erden aus-

43. 1 Sam. XIV, 24.

44. Brief as the lightning in the collied night,
That (in a spleen) unfolds heav'n and earth
And ere man has power to say: Behold!
The jaws of darkness do devour it up.
Shakespeare im Midsummer-Night's Dream.

45. C'est l'effet ordinaire de notre ignorance de nous peindre tout semblable à nous et de repandre nos portraits dans toute la nature, sagt Fontenelle in der Histoire du Theatre Franç. Une grande passion est une espece d'Ame, immortelle à sa maniere et presque independante des Organes. Fontenelle in Eloge de M. du Verney.

2 f. Kuhhaut: Nach der Sage floh Dido vor ihrem Bruder Pygmalion von Tyros nach Afrika, wo sie von König Jarbas so viel Land erbat, als sie mit einer Kuhhaut umspannen konnte. Als es ihr bewilligt worden war, zerschnitt sie die Haut in schmale Streifen und erhielt so das Gebiet, auf dem sie die Stadt Karthago erbaute.

5. Sehpunct: »Daher sieht man einen strahlenden Punct an demjenigen Orte, wo die von dem Auge in der Richtung des Einfalls der Lichtstrahlen zurückgezogenen Linien sich schneiden. Dieser Punct, welchen man den Sehepunct nennt, ist zwar in der Wirkung der Zerstreuungspunct, aber in der Vorstellung der Sammlungspunct der Directionslinien, nach welchen die Empfindung eingedrückt wird (focus imaginarius)« (Kant, *Träume eines Geistersehers, erläutert durch Träume der Metaphysik*, 1766).

15. gleich dem Egel, der nicht abläßt, bis er voll ist (wird er ihn mit Lesen quälen, bis der Patient den Geist vor Gähnen aufgegeben hat; Horaz, *De arte poetica* 476; Wieland).

19-21. durchlöcherten . . . Qvellen: Jer. 2, 13.

21-23. Wir . . . bewundern: Anspielung auf Winckelmann.

26 f. Schaafsfell . . . inwendig: Matth. 7, 15.

27. inwendig . . . Todtenbeine: Matth. 23, 27.

29 f. u. 125, 1 f. Gleich . . . gestaltet war: Jak. 1, 23 f.

31 f. (Als er [Antimachus] jenes lange und euch wohlbekannte Gedicht vor einer Versammlung las, verließen sie alle Zuhörer, ausgenommen Platon. »Ich werde nichtsdestoweniger weiterlesen«, sagte er,) »denn Platon ist mir allen gleichwertig« (Cicero, *Brutus* 51, 191; von Hamann leicht geändert).

34-36. »So wie Sie diesen Band aufschlagen, fällt Ihnen eine große krit. Abhandlung ins Gesicht, die in neumodischem Deutschen den Titel führt: Abhandlung einiger krit. Anmerkungen über das Natürliche in der Dichtkunst. Diese Abh. gleichet vollkommen übertünchten Gräbern, die von außen hübsch scheinen aber inwendig sind sie voller Todtengebeine u. alles Unflaths . . .« Nach Hamann sind die Literaturbriefe also selbst heuchlerisch (hypo-kritisch).

brüten. – Jede individuelle Wahrheit wächst zur Grundfläche eines Plans, wunderbarer als jene Kuhhaut zum Gebieth eines Staats; und ein Plan, geraumer als das Hemisphär, erhält die Spitze eines Sehpuncts. – – Kurz, die Vollkommenheit der Entwürfe, die Stärke ihrer Ausführung; – die Empfängnis und Geburt neuer Ideen und neuer Ausdrücke; die Arbeit und Ruhe des Weisen, sein Trost und sein Eckel daran, liegen im fruchtbaren Schooße der Leidenschaften vor unsern Sinnen vergraben.

»Des Philologen Publicum, seine Welt von Lesern, scheint jenem Hörsaal ähnlich zu seyn, den ein einziger Platon füllte[46]. – Antimachus fuhr getrost fort, – wie geschrieben steht:

Non missura cutem nisi plena cruoris hirudo.«

Gerade, als wenn unser Lernen ein bloßes Erinnern wäre, weist man uns immer auf die Denkmale der Alten, den Geist durch das Gedächtnis zu bilden. Warum bleibt man aber bey den durchlöcherten Brunnen der Griechen stehen, und verläst die lebendigsten Qvellen des Alterthums? Wir wissen vielleicht selbst nicht recht, was wir in den Griechen und Römern bis zur Abgötterey bewundern. Daher kommt der verfluchte Widerspruch[47] in unsern symbolischen Lehrbüchern, die bis auf diesen Tag in Schaafsfell zierlich gebunden werden, aber inwendig – ja inwendig, sind sie voller Todtenbeine, voller hypo-kritischer Untugend[48].

Gleich einem Manne, der sein leiblich Angesicht im Spiegel beschaut, nachdem er sich aber beschaut

46. Plato enim mihi VNVS instar omnium est. Cicero in Brut.

47. Ps. LIX, 13.

48. Siehe den ganzen XI. Theil der Briefe, die neueste Litteratur betreffend, hie ein wenig, da ein wenig, eigentlich aber Seite 131.

4. Zwiebelgewächs: die Blume Narzisse.

6-39 u. 127, 14-22.

. . . er trinkt; von dem Bilde gesehener Reize bezaubert,
Liebet er nichtigen Trug; und Leib erscheint ihm der Schemen.
Selber staunt er sich an; unbewegt in einerlei Stellung
Haftet er, wie ein Gebild aus parischem Marmor gemeißelt.
Gierig schaut er, im Grase gelehnt, zwei Sterne, die Augen;
Schaut, wie werth des Lyäus, wie werth des Apollo das Haar sei,
Wie unmännlich die Wang', und wie schimmernd der Hals, und die Anmut
Seines Gesichts, wie gesellt zur schneeigen Weiße die Röthe.
Alles bewundert er selbst, was er selbst der Bewunderung darbeut.
. . . Im dunkelen Grase gelagert,
Schaut er den trügenden Reiz mit unersättlichem Anblick,
Selbst von den eigenen Augen verzehrt. Nun hebt er sich etwas,
Und zu den Waldungen rings die gebreiteten Arme gestrecket:
Hat unglücklicher einer, o Waldungen, sagt er, geliebet?
Denn ihr wißts, die ihr oft mitkundige Lauben geboten! . . .
Jenes gefällt, und ich seh' es; doch was mit Gefallen ich sehe,
Nirgendwo find' ich es auf: so schlägt mich Liebenden Wahnsinn!
Ja, was den Schmerz noch mehrt: nicht trennt ein gewaltiges Meer uns,
Nicht ein Gebirg, nicht Ferne, nicht riegelnde Barren und Mauern.
Nur ein Wässerchen hemmt! . . .
Fast, fast scheint er berührt; nur ein weniges scheidet die Sehnsucht.
Wer du auch bist, komm her! . . .
Hofnung, ich weiß nicht welche, verheißt dein freundliches Antliz.
. . . Oft sah ich dir Thränen entrollen,
Wann Ich Thränen vergoß; und dem Wink auch winkst du entgegen . . .
Du bist Ich, nun merk' ich, und nicht mehr teuscht mich mein Bildnis! . . .
Was ich begehr', ist bei mir; zum Darbenden macht mich der Reichthum.

(weiter S. 126)

hat, von Stundan davon geht und vergißt, wie er gestaltet war; eben so gehen wir mit den Alten um – Gar anders sitzt ein Maler zu seinem eignen Contrefait. – Narciß, (das Zwiebelgewächs schöner Geister) liebt sein Bild mehr als sein Leben [49].

49. Ouid. Metamorph. Lib. III.
– bibit visae correptus imagine formae. – – – –
Spem sine corpore amat, corpus putat esse, quod vmbra est.
Adstupet ipse sibi, vultuque immotus eodem
Haeret vt e Pario formatum marmore signum.
Spectat humi positus geminum, sua lumina, sidus,
Et dignos Baccho, dignos & Apolline crines,
Impubesque genas & eburnea colla, decusque
Oris, & in niueo mistum candore ruborem;
Cunctaque miratur, quibus est mirabilis ipse.
– – opaca fusus in herba
Spectat inexpleto mendacem lumine formam,
Perque oculos perit ipse suos; paulumque leuatus
Ad circumstantes tendens sua brachia siluas:
»Ecquis io! siluae, crudelius, inquit, amauit?
(Scitis enim & multis latebra opportuna fuistis) – – –
Et placet & video; sed quod videoque placetque
Non tamen inuenio. Tantus tenet error amantem!
Quoque magis doleam, nec nos mare separat ingens
Nec via, nec montes, nec clausis moenia portis.
Exigua prohibemur aqua – – –
Posse putes tangi. MINIMVM est quod amantibus obstat.
Quisquis es, huc exi! – – –
Spem mihi nescio quam vultu promittis –
– – lacrymas quoque saepe notaui
Me lacrymante tuas, nutu quoque signa remittis –
In te ego sum. Sensi, nec me mea fallit imago –
Quod cupio, meum est: inopem me copia fecit.
O vtinam nostro secedere corpore possem!
Votum in amantem nouum – – –«
DIXIT & ad faciem rediit male sanus eandem,
Et lacrymis turbauit aquas, obscuraque moto
Reddita forma lacu est. Quam quum vidisset abire
– – clamauit: »Liceat quod tangere non est

O wie möcht' ich so gern vom eigenen Leibe mich sondern!
Was kein Liebender wünscht . . .
Jener sprach's; und zur selben Gestalt umkehrend wie sinnlos,
Trübt er mit Thränen die Flut, und getilgt von kreisender
Wallung
Schwand in dem Spiegel das Bild. Da es unter ihm zitternd
hinwegfloh . . .
. . . rief er . . . Laß mich, was zu rühren verwehrt ist,
Wenigstens schaun, und nähren den mitleidswürdigen
Wahnsinn! . . .
Jezo senkt er das Haupt kraftlos im grünenden Grase;
Nacht umschattet die Augen, womit sich der Schöne bewundert.
Aber auch dann, nachdem in die untere Wohnung er einging,
Schaut' er sich selbst in stygischer Flut . . .
Auch wehklagten Dryaden: zur Wehklag' hallete Echo.
Schon ward Bahre besorgt und Brand und geschwungene Fackel:
Doch war nirgend der Leib; für den Leib ein gelbliches
Blümlein
Fanden sie, rings um den Kelch weißschimmernde Blätter
gegürtet.
(Ovid, *Metamorph.* III 415-510, mit Auslassungen; Voß.)

1. Das . . . Juden: Joh. 4, 22.

7. Eckelname: im gemeinen Leben, ein Schimpfnahme, ein Beynahme, welchen man jemanden aus Verachtung oder zur Beschimpfung giebt (Adelung).

7. Menschensohn: im Alten Testament häufige Anrede Gottes an die Propheten, welche die menschliche Niedrigkeit betonen soll. Erst Dan. 7, 13 von Messias. In der Lutherbibel mit »Menschenkind« übersetzt, vgl. Hes. 2, 1.

9-12. Bacon, *Works* I 523. Nach einer der von Bacon allegorisch interpretierten Mythen ist Pan (die Natur) der Sohn Penelopes (der formlosen Materie) mit den Freiern (den platonischen oder aristotelischen Ideen oder Formen). Richtig ist, sagt Bacon, daß er der Sohn der Materie mit Merkur (Wort Gottes, Logos) ist. Diese Auslegung bestimmt Hamanns Deutung des Odysseus.

12. Der Bettler ist Odysseus (vgl. *Odyssee* 17, 336 f. und 483 f.). Hamann denkt an Joh. 1, 11 und spielt auf den neutestamentlichen Gedanken von der Knechtsgestalt und der Entäußerung Christi, des Wortes Gottes an.

210] Das Heil kommt von den Juden – Noch hatte ich sie nicht gesehen; ich erwartete aber in ihren philosophischen Schriften gesundere Begriffe – zu eurer Beschämung – Christen! – Doch ihr fühlt den Stachel des guten Namens, davon ihr genennt seyd[50], eben so wenig als die Ehre, die sich GOTT aus dem Eckelnamen des Menschensohns machte – – – –

Natur und Schrift also sind die Materialien des schönen, schaffenden, nachahmenden Geistes – – Ba-
211] con vergleicht die Materie der Penelope; – ihre freche Buhler sind die Weltweisen und Schriftgelehrten. Die Geschichte des Bettlers, der am Hofe zu Ithaka erschien, wißt ihr; denn hat sie nicht

Aspicere & misero praebere alimenta furori« –
Ille caput viridi fessum submisit in herba;
Lumina nox clausit domini mirantia formam.
Tum quoque se, postquam est inferna sede receptus,
In Stygia spectabat aqua – – –
Planxerunt Dryades; plangentibus assonat Echo,
Iamque rogum quassasque faces feretrumque parabant,
Nusquam corpus erat. Croceum pro corpore florem
Inueniunt foliis medium cingentibus albis.

50. Jakob. II, 7.

1 f. Alexander Pope hatte 1725/26 eine *Odyssee*-Übersetzung veröffentlicht.

5. Anspielung auf die von der dänischen Regierung auf Michaelis' Anregung nach ›Arabia felix‹ (Südarabien) geschickte wissenschaftliche Expedition Karsten Niebuhrs (1761–67), vgl. auch *Die Magi aus Morgenlande, zu Bethlehem* (N II 137).

10. faule Bäuche: Tit. 1, 12.

13. Richtweg: Weg, der in die Richte führt, der näher ist als die Hauptstraße (Grimm).

13 f. Hyperbel: 1. Übergang, besonders über Flüsse und Berge, Paßweg; 2. stilistisch: graduelle starke Steigerung des Ausdrucks (über die Glaubwürdigkeit hinaus).

15-21. Du . . . versieht: Jes. 64, 1 f.

21-25. Laß . . . Gold: Matth. 2, 1-11; Irrlichter: der Stern.

26-31. Die Magie beschäftigte sich hauptsächlich damit, Übereinstimmungen im Grundriß und Bau zwischen der Welt der Natur und der des Menschen wahrzunehmen. Auch sind diese keine bloßen Ähnlichkeiten (wie es vielleicht den weniger einsichtsvollen Menschen scheinen könnte), sondern deutlich dieselben Fußstapfen der Natur oder Zeichen, verschiedenem Stoff und Grund eingedrückt (Bacon, *Works* I 542).

32 f. scientiam . . . vniuersalium: Wissenschaft von der Übereinstimmung aller Dinge (vgl. W. I 573).

35. – Und ich will euch noch einen köstlicheren Weg zeigen.

Homer in griechische und Pope in englische Verse übersetzt? – –

Wodurch sollen wir aber die ausgestorbene Sprache der Natur von den Todten wieder auferwecken? – – Durch Wallfahrten nach dem glücklichen Arabien, durch Kreuzzüge nach den Morgenländern, und durch die Wiederherstellung ihrer Magie, die wir durch alte Weiberlist, weil sie die beste ist, zu unserer Beute machen müssen. – Schlagt die Augen nieder, faule Bäuche! und lest, was Bacon[51] von der Magie dichtet. – Weil euch seidene Füße in Tanzschuhen eine so beschwerliche Reise nicht tragen werden: so laßt euch einen Richtweg durch die Hyperbel zeigen –[52]

Du, der Du den Himmel zerrissest und herabfuhrst! – vor Dessen Ankunft Berge zerfließen, wie heiß Wasser vom heftigen Feuer aufseudet, damit Dein Name unter Feinden desselben, die sich gleichwol nach Ihm nennen, kund werde, und gesalbte Heyden zittern lernen vor den Wundern, die Du thust, derer man sich nicht versieht! – Laß neue Irrlichter im Morgenland aufgehen! – Laß den Vorwitz ihrer Weisen durch neue Sterne erweckt werden, uns ihre Schätze selbst ins Land zu führen – Myrrhen! Weyrauch! und ihr Gold! woran uns

51. MAGIA in eo potissimum versabatur, vt architecturas & fabricas rerum naturalium & ciuilium symbolisantes notaret – – Nec similitudines merae sunt (quales hominibus fortasse parum perspicacibus videri possint) sed plane vna eademque naturae vestigia aut signacula diversis materiis & subiectis impressa. Bacon im dritten Buch de augmentis scientiarum; wo er die Magie auch durch eine scientiam consensuum rerum vniuersalium und bey diesem Schimmer die Erscheinung der Weisen zu Bethlehem zu erklären meynt.

52. – και ετι καϑ' υπερβολην οδον υμιν δεικνυμι. 1. Kor. XII. 31.

1 f. Könige geäfft: Matth. 2, 16-18. Auf Friedrich II. und seine »philosophische Muse« anzuwenden. Erschienen waren u. a. *Œuvres du Philosophe de Sans-Souci.*

3. Kinder und Kinderlehren: Mark. 10, 14 f.

3 f. schnauben: Apg. 9, 1.

5. Tod in den Töpfen: 2. Kön. 4, 38-42.

8. erbitterten Geist: Jes. 63, 10.

9 f. »Meynst . . . trinken?«: Ps. 50, 13.

11 f. Während die Pharisäer sich streng an das Gesetz *und* die später hinzugekommene Tradition hielten und die Volksfrömmigkeit beherrschten, wollten die vornehmen und liberalen Sadduzäer nur die in den fünf Büchern Mose schriftlich fixierten Lehren anerkennen, verwarfen deshalb u. a. die Auferstehung der Toten, vgl. Mark. 12, 18 und Apg. 23, 8. Auf Hamanns Zeitgenossen zu beziehen.

13 f. die Sendung . . . trieb: 2. Petr. 1, 21; Apg. 2, 4.

14. ευκαιρως ακαιρως: zu rechter Zeit oder zur Unzeit; 2. Tim. 4, 2.

15. Jener Schooßjünger: Joh. 13, 23-25.

15 f. des Eingebornen . . . Schooß: Joh. 1, 18.

17. Geist der Weissagung: Offb. 19, 10.

18 f. Namens . . . werden: Apg. 4, 12.

19 f. Verheißung . . . Lebens: 1. Tim. 4, 8.

20 f. Namens . . . empfäht: Offb. 2, 17.

21-26. der über . . . GOttes!: Phil. 2, 9-11.

26 f. des . . . Amen!: Röm. 1, 25.

30. Knechtsgestalt: Phil. 2, 7.

31 f. alten . . . Speisemeister: Joh. 2, 8-10.

32 f. schwachen Magen: 1. Tim. 5, 23.

33 f. u. 133, 1-3. Lege . . . CHRISTO / quid . . . inebriat: Lies die prophetischen Bücher, ohne Christus (darin) verstanden zu haben, was findest du ebenso Fades und Albernes. Verstehe Christus darin, dann schmeckt nicht allein, was du liest, sondern es berauscht auch (Augustinus' *Comment. in Joannem,* tract. IX 3).

mehr gelegen als an ihrer Magie! – Laß Könige durch sie geäfft werden, ihre philosophische Muse gegen Kinder und Kinderlehren vergeblich schnauben; Rahel aber laß nicht vergeblich weinen! – –

Wie sollen wir nun den Tod in den Töpfen verschlingen, um das Zugemüse für die Kinder der Propheten schmackhaft zu machen? Wodurch sollen wir den erbitterten Geist der Schrift versöhnen? »Meynst du, daß ich Ochsenfleisch essen wolle oder Bocksblut trinken?« Weder die dogmatische Gründlichkeit pharisäischer Orthodoxen, noch die dichterische Üppigkeit sadducäischer Freygeister wird die Sendung des Geistes erneuren, der die heiligen Menschen GOttes trieb (ευκαιρως ακαιρως) zu reden [212] und zu schreiben. – – Jener Schooßjünger des Eingebornen, der in des Vaters Schooß ist, hat es uns verkündigt: daß der Geist der Weissagung im Zeugnisse des Einigen Namens lebe, durch den wir allein seelig werden, und die Verheißung dieses und des zukünftigen Lebens ererben können; – des Namens, den niemand kennt, als der ihn empfäht, der über alle Namen ist, daß in dem Namen JESU sich beugen sollen alle derer Knie, die im Himmel und auf Erden und unter der Erden sind; auch alle Zungen bekennen sollen, daß JESUS CHRISTUS der HERR sey zur Ehre GOttes! – des Schöpfers, der da gelobt ist in Ewigkeit! Amen!

Das Zeugnis JESU also ist der Geist der Weissagung[53], und das erste Zeichen, womit er die Majestät seiner Knechtsgestalt offenbart, verwandelt die heiligen Bundesbücher in alten guten Wein, der das Urtheil der Speisemeister hintergeht, und den schwachen Magen der Kunstrichter stärkt. Lege libros propheticos non intellecto CHRISTO, sagt der

53. Offenb. XIX, 10.

7-10. Von Michaelis. Über Augustin heißt es dort: ». . . ein Mann von hitziger Einbildungskraft und schlechter Gelehrsamkeit, und dabei ein Africaner, oder ihn nach seiner Sprache zu benennen, ein Carthaginienser. Es ist wahr, in den Städten von Afrika sprach man lateinisch, allein nicht so wie zu Rom, sondern mit einer gewissen Afrikanischen Farbe: lateinische Wörter waren der Leib, in den eine punische Denkungsart gefahren war. Über das verstand Augustinus das Punische oder Carthaginienische als seine Muttersprache, wie er es denn zuweilen zur Erläuterung hebräischer Redensarten anbringet. (1. B. Mos. XXX, 30). Der gute Bischof sprach also, ohne es zu wissen, hebräisch« (zit. n. N VI 250).

11-15. Die Kunst des Wortspiels, oder die Blüte der Sprachen in neunundsiebzig Regeln für weitere Verbesserung der Gesprächskunst und um das Gedächtniß zu stützen. Durch die Arbeit und den Fleiß von TUM PUN-SIBI.

16-19. Der Witz, der seinen Ursprung in Doppelsinnigkeit hat, wird als der geistreichste betrachtet; er beschäftigt sich aber nicht nur mit dem Scherzhaften, sondern auch mit dem Ernsten – Es scheint in der Tat die Sache eines Talentvollen zu sein, dem Wort eine ganz andere Bedeutung geben zu können als die, in der es die übrigen Menschen verstehen (Cicero, *De Orat.* II 250. 254). Hamann zitiert das Motto ungenau.

21. Auf dem Titelblatt der 3. Auflage (1719) steht nach TUM PUN-SIBI: »(i. e.) Jonathan Swift, D. D.« Heute wird das Buch Thomas Sheridan zugeschrieben.

23 f. Der Ruhm der Geistlichkeit und ihre Schande (Pope über Erasmus, *Essay on Criticism* 694).

26-28. Das Wortspiel ist in seinem Wesen etwas, wovon gesagt wird, daß es anderem zukommt oder in jeder beliebigen Art auf anderes bezogen wird. (Parodie der aristotelischen Definition des Relativen: »Relativ heißt solches, dem das, was es begrifflich ist, im Vergleich zu einem anderen oder in irgend einem sonstigen Verhältnis zu einem anderen beigelegt wird« [Aristoteles, *Kategorien* 6 a; Rolfes].)

29. Hieronymus Cardan(us) (1501–75): ein Medicus . . . hatte ein recht contradictorisch und absurd Temperament . . . hat auch sein eigen Leben, darinne viel unglaubliche Dinge enthalten, geschrieben (Jöcher, Gelehrten-Lexicon).

29 u. 135, 4-8. im Wortspiel liegt eine Kunst des harmonischen Wort-

(weiter S. 134)

punische[54] Kirchenvater, quid tam insipidum & fatuum inuenies? Intellige ibi CHRISTUM, non solum [213] sapit, quod legis, sed etiam inebriat. – »Aber den freveln und hochfahrenden Geistern hier ein Mal zu stecken, – – muß Adam zuvor wohl todt seyn, ehe er dies Ding leide und den starken Wein trinke.

54. S. die Beantwortung der Frage von dem Einflusse der Meynungen in die Sprache und der Sprache in die Meynungen, welche den von der königlichen Akademie der Wissenschaften für das Jahr 1759. gesetzten Preiß erhalten hat. S. 66. 67. Hiebey kann füglich zu Rath gezogen werden: Ars Pun-ica, siue Flos Linguarum: The Art of Punning, or the Flower of Languages in seventy-nine Rules for the farther Improvement of Conversation and Help of Memory. By the Labour and Industry of TUM PUN-SIBI.

Ex ambiguo dicta vel argutissima putantur; sed non semper in ioco, sed etiam in grauitate versantur – Ingeniosi enim videtur vim verbi in aliud atque ceteri accipiant, posse dicere. Cicero de Orat. lib. 2. The second Edition 1719. 8. Dieses gelehrte Werk (von dem ich leider! nur ein defectes Exemplar besitze) hat zum Verfasser – Swift, den Ruhm der Geistlichkeit,

Hagedorn.

(The glory of the Priesthood and the shame!)

Essay on Criticism.

und fängt sich mit einer logischen, physischen und moralischen Definition an. Im logischen Verstande Punnata dicuntur id ipsum quod sunt aliorum esse dicuntur aut alio quouis modo ad aliud referuntur. Nach der Naturlehre (des äbentheuerlichen und grillenfängerischen Cardans) in Punning is an Art

geklingels, das durch die Ohren eindringend zum Zwerchfell gelangt, hier eine angenehm kitzelnde Bewegung erregt, die, von den Lebensgeistern in die Muskeln des Gesichts befordert, das Innerste des Herzens belebt.

8. Casuistick: Kasuistik ist die Lehre von der Anwendung moralischer Grundsätze auf den einzelnen Gewissensfall.

8 f. eine Tugend, die sehr wirksam zu dem Ende guter Freundschaft beiträgt.

12-29. Der Vergleich zwischen Mohammed und Augustin geht von beider fehlendem Verständnis für bildhafte Sprache und den daraus folgenden falschen Lehren aus. Wie Manna, argumentiert Michaelis, die Ausscheidung einer Pflanze ist und nur figürlich Himmelsbrot genannt wird, so sind auch Ausdrücke wie »ich will Pharaos Herz verhärten« (2. Mose 7, 3) figürlich zu verstehen, wie überhaupt alle Aussagen, die den gewöhnlichen Lauf der Natur und der Welt als unmittelbar von Gott bewirkt bezeichnen. Da nun die beiden, Augustin und Mohammed, außer ihrer geringen Gelehrsamkeit, eine fast schwärmerische Phantasie und eine Neigung zur Poesie hatten, kamen sie durch das Mißverständnis solcher Aussagen zu der Lehre von der Prädestination, wobei Augustin noch dazu eine von ihm selbst nicht gehörig analysierte Erleuchtung hatte, auf die er sich stützte.

13 f. amphibologischen: doppelsinnigen.

19. der bürgerliche Edelmann: in Molières Komödie *Le Bourgeois gentilhomme* (1670).

22. Tücke seines Herzens: Apg. 8, 22.

23 f. alle . . . mangeln: Röm. 3, 23.

30 f. zureichenden Grund: Anspielung auf den Satz vom zureichenden Grund (principium rationis sufficientis). »Alles, was ist, hat seinen zureichenden Grund, warum es vielmehr ist, als nicht ist« (Christian Wolff).

32. Weimarer Ausgabe der deutschen Bibel 7, 23, 25.

37. Accomodation: Anpassung; in der Theologie der Aufklärung besonders die Anpassung der Verkündigung überzeitlich-gültiger Wahrheiten an das Fassungsvermögen und die Vorurteile der Zuhörer; z. B. sind nach dieser Auffassung Jesu Worte über Dämonen und Engel eine Akkomodation an die primitiven Vorstellungen der damaligen Juden.

38. Vorsehung: in älterer Sprache in dem eingeschränkten Sinne

(weiter S. 136)

Darum siehe dich für, daß du nicht Wein trinkst, wenn du noch ein Säugling bist; eine jegliche Lehre hat ihre Maße, Zeit und Alter[55].«

of harmonious Jinggling upon Words, which passing in at the Ears and falling upon the Diaphragma, excites a titillary Motion in those Parts, and this being convey'd by the Animal Spirits into the Muscles of the Face raises the Cockles of the Heart. Nach der Casuistick aber ist es a Virtue, that most effectually promotes the End of good Fellowship – – Ein Exempel von dieser künstlichen Tugend findt man unter andern von gleichem Schlage, in obangeführter Beantwortung an der punischen Vergleichung zwischen Mahometh, dem Propheten und Augustin, dem Kirchenvater, die einem amphibologischen Liebhaber der Poesie von halb enthusiastischer halb scholastischer Einbildungskraft ähnlich sieht, der noch lange nicht gelehrt genug zu seyn scheint, den Gebrauch der figür-
[213] lichen Sprache gehörig einzusehen, geschweige geistliche Erfahrungen prüfen zu können. Der gute Bischof sprach ohne es zu wissen hebräisch, wie der bürgerliche Edelmann ohne es zu wissen Prose, und wie man noch heut zu Tage durch gelehrte Fragen und ihre Beantwortung ohne es zu wissen, die Barbarey seiner Zeiten und die Tücke seines Herzens verrathen kann, zum Preiß der tiefsinnigen Wahrheit: daß alle Sünder sind und des Ruhms mangeln, der ihnen angedichtet wird, der arabische Lügenprophet sowohl als der gute afrikanische Hirte und der witzige Kopf, (den ich zuerst hätte nennen sollen) dem es eingefallen durch so lächerliche Parallelstellen jene zween Bekenner der Providentz bey den Haaren in Vergleichung zu ziehen, der punischen Vernunftlehre unserer heutigen Kabbalisten gemäß, denen jedes Feigenblatt einen zureichenden Grund, und jede Anspielung eine Erfüllung abgiebt.

55. Worte unsers Luthers (der sich durch Lesung des Augustins seinen Geschmack ein wenig verdorben haben soll) aus dessen bekannter Vorrede über den Brief an die Römer, an der ich mich eben so wenig müde lesen kann, als an seiner Vorrede zum Psalter. Ich habe diese Stelle durch eine sogenannte Accommodation hier angeführt, weil Luther am angeführten Orte von dem Abgrunde Göttlicher Vorsehung spricht, und nach seiner löblichen Gewohnheit auf seinen Ausspruch ver-

der Prädestinationslehre, nach der ein Teil zur Seligkeit, ein anderer von Gott im voraus zur Verdamnis bestimmt ist (Gnadenwahl) (Grimm). Mit den angeführten Worten warnt Luther vor Spekulationen über das Geheimnis der Gnadenwahl, dessen Sinn nur dem »neuen Menschen« in Leiden und Not aufgeht, während es sich theoretisch und als Lehre »nicht ohne Schaden und heimlichen Zorn wider Gott« behandeln läßt.

1-5. Nachdem ... Sohn: Hebr. 1, 1.
5 f. gestern und heute: Hebr. 13, 8.
6. Zukunft: Die Ankunft; eine im Hochdeutschen veraltete Bedeutung, welche nur noch im Kirchenstyle üblich ist, wo die Zukunft Christi ins Fleisch, oder zum Gericht, dessen Ankunft, Erscheinung ist (Adelung). Vgl. Phil. 2, 7; Matth. 24, 30.
9-11. Aus Luthers Übersetzung des *Te Deum* (Herr Gott, Dich loben wir).
12. Urtheil der Lästerung: Judas 9; 2. Petr. 2, 9-12.
14 f. Eselskopf ... Taubenmist: 2. Kön. 6, 25.
17. Tag ... schwärzer: Joel 3, 4; Offb. 6, 12.
18. unüberwindliche Flotte: die so genannte spanische Armada wurde teils von den Engländern und Holländern geschlagen, teils im Sturm vernichtet (1588).
19. Stoppeln: Hiob 21, 18.
21 f. HERR ... kann: Anspielung auf die vielen alttestamentlichen Stellen, wo der Herr Zebaoth spricht, vgl. Jes. 1, 24 f.
23. Abrahams Freude: Joh. 8, 56.
24. sein Kelch überlaufen: Ps. 23, 5.
25-27. Als Antonius über ein verschwenderisches Festessen zu seinen Ehren bei Kleopatra erstaunte, nahm sie eine Perle von ihrem Ohr, löste sie in Essig auf, trank ihm zu und sagte, daß dieser Becher, auf sein Wohl getrunken, viel kostbarer sei.
27 u. 139, 1-4. Thräne ... abwischen: Offb. 21, 4.
33 f. Stets zum Ende fort – – und was er aufgibt – läßt er liegen (Horaz, *De arte poetica* 148).

Nachdem GOTT durch Natur und Schrift, durch Geschöpfe und Seher, durch Gründe und Figuren, durch Poeten und Propheten sich erschöpft, und aus dem Othem geredt hatte: so hat er am Abend der Tage zu uns geredt durch Seinen Sohn, – gestern und heute! – bis die Verheißung seiner Zukunft – nicht mehr in Knechtsgestalt – auch erfüllt seyn wird –

Du Ehrenkönig, HERR JESU CHRIST!
GOTTES VATERS ewiger SOHN Du bist;
Der Jungfraun Leib nicht hast verschmäht – –[56]

Man würde ein Urtheil der Lästerung fällen, wenn man unsere witzige Sophisten, die den Gesetzgeber der Juden einem Eselskopf, und die Sprüche ihrer Meistersänger dem Taubenmist gleich schätzen, für dumme Teufel schelten wollte; aber doch wird sie der Tag des HERRN – – – ein Sonntag, schwärzer
214] als die Mitternacht, in der unüberwindliche Flotten Stoppeln sind – – Der verbuhlteste West, ein Herold des jüngsten Ungewitters, – so poetisch – als es der HERR der Heerschaaren nur denken und ausdrücken kann, wird da den rüstigsten Feldtrompeter überschmettern: – – Abrahams Freude den höchsten Gipfel erreichen; – sein Kelch überlaufen – Die allerletzte Thräne! unschätzbar köstlicher als alle Perlen, womit die letzte Königin in Egypten Übermuth treiben wird; – diese allerletzte Thräne

sichert, »daß man ohne Leiden, Kreuz und Todesnöthen die Vorsehung nicht ohne Schaden und heimlichen Zorn wider GOTT handeln könne.«

56. Den Kirchenliederischen Fall dieses Abschnittes wird der andächtige Leser selbst ergänzen. Mein Gedächtnis verläßt mich aus bloßem Eigensinn; – Semper ad euentum – – & quae desperat – relinquit.

3. Vaters der Gläubigen: Röm. 4, 11. 16.
6. des HERRN Tod zu predigen: 1. Kor. 11, 26.
8. Feuer bereitet: Matth. 25, 41.
8. offenbar: bekannt. In dieser Bedeutung ist es im Hochdeutschen größten Theils veraltet (Adelung). Vgl. 2. Kor. 5, 10.
8 f. glauben und zittern!: Jak. 2, 19.
9. Schalkheit: ehedem besonders im harten Verstande für Arglist, betriegerische Gesinnung, in welcher Bedeutung es in der deutschen Bibel mehrmals vorkommt (Adelung). Vgl. Apg. 13, 10.
11 f. Anakreon ... erstickt: »Anakreon der Dichter / Starb von dem Traubenkerne; / Will mich der Tod erhaschen, / So komm' er, wenn ich küsse, / Denn wird die Nachwelt sagen, / Der Lauson starb vom Küßchen, / Wem wird ein Küßchen sauer? / Ist denn der Tod so bitter?« (Johann Friedrich Lauson, *Das Küßchen,* in *Zweeter Versuch in Gedichten,* Königsberg 1754). Lauson war ein Freund Hamanns.
13. Beim Gallierüberfall 387 v. Chr. weckte das Geschnatter der Gänse die schlafende Wache, und das römische Capitol wurde gerettet.
13 f. Raben ... ernähren: 1. Kön. 17, 6.
15. Artillerie und Reuterey: wohl 2. Kön. 1, 10-14 und 2, 12.
16. Blindheit: Joh. 9, 39 f.
16 f. GOTT ... gerechnet: Mark. 15, 27 f.
18. Gräuel: Matth. 24, 15.
18. Genf und Rom entsprechen, als heilige Stätten des Calvinismus und des Katholizismus, dem jüdischen Heiligtum Jerusalem. Oper zielt auf den katholischen Gottesdienst, Moschee auf die strengen, jeden Bildes baren reformierten Kirchen, in denen, als weiterer Bezugspunkt für Leute wie Michaelis, die Prädestinationslehre, wie im Islam, verkündigt wird.
19. koloqvintisirt: Vgl. 2. Kön. 4, 39. Die Koloquinte oder Purgiergurke ist ›der Tod im Topf‹. In kleinen Mengen ist sie Abführmittel, in größeren ein Gift. Sinn: der antichristliche Rationalismus wird auch an diesen heiligen Stätten vergottet und den nichtsahnenden ›Kindern der Propheten‹, obwohl er ein tödliches Gift ist, in die Seelenspeise getan.
21-23. Male dann / zwei Schlangen nebst den Worten: »Heilig ist, / ihr Kinder, dieser Ort – woanders pißt!« – / ich geh bei-

(weiter S. 140)

über Sodoms letzten Brand und des letzten Märtyrers[57] Entführung, wird GOTT eigenhändig von den Augen Abrahams, des Vaters der Gläubigen! abwischen – –

Jener Tag des HERRN, der Christen Muth macht des HERRN Tod zu predigen, wird die dummsten Dorfteufel unter allen Engeln, denen ein höllisches Feuer bereitet ist, offenbar machen. Die Teufel glauben und zittern! – aber eure durch die Schalkheit der Vernunft verrückte Sinne zittern nicht – Ihr lacht, wenn Adam, der Sünder, am Apfel, und Anakreon, der Weise, am Traubenkern erstickt! – Lacht ihr nicht, wenn Gänse das Capitol entsetzen – und Raben den Patrioten ernähren, in dessen Geist Israels Artillerie und Reuterey bestand? – Ihr wünscht euch heimlich zu eurer Blindheit Glück, wenn GOTT am Kreuz unter die Missethäter gerechnet wird – und wenn ein Gräuel zu Genf oder Rom, in der Oper oder Moschee, apotheosirt und koloqvintisirt wird. – –

Pinge duos angues! pueri, sacer est locus; extra
Meiite; discedo – – –

PERS.

57. 2 Petr. II, 8.

seit' (Persius, *Sat.* I 113; Weinreich). Schlangen waren heilige Haustiere, die den genius loci vertraten. Sie wurden als Warnung gegen Verunreinigung angemalt. Die Verse sind die höhnische Antwort des Satirikers, als er wegen seiner bissigen Kritik mit dem Verlust der Gunst der Vornehmen bedroht wird, die solche Angriffe nicht mehr hören wollen.

2. Märtyrerfest unschuldiger Kinder: Matth. 2, 16.

7 f. Paronomasie: Wortspiel durch Zusammenstellung ähnlich klingender Worte mit verschiedener, oft entgegengesetzter Bedeutung. Beispiele in der Kapuzinerpredigt von Schillers *Wallensteins Lager*, V. 500 ff. Bei Michaelis: »und du, du schlachte beide / Den Alten am Altar, den Heiden auf der Heide.«

12 f. Der Hagestolze: »(Philolog) beschwert sich über des Reims spröden Hagestolz, womit er seine Muse abgeschreckt« (N II 239, 32 f.). Der Vers, den Hamann nicht ›paaren‹ kann, ist also ›der Hagestolze‹.

14. Stachelschrift: ein von einigen für Satyre gebrauchtes Wort, welches aber wenig Beyfall gefunden hat (Adelung).

15 f. Schlucken des Aristophanes: Platon, *Das Gastmahl* 185 c-e.

16. Paul Scarron (1610-60): französischer Dichter.

24. Die Kunstrichter sind Michaelis und Lessing. Lessings Worte beziehen sich auf Klopstock: »Es sind Betrachtungen über die *Allgegenwart Gottes*, oder vielmehr, des Dichters ausgedrückte Empfindungen über dieses große Object. Sie scheinen sich von selbst in symmetrische Zeilen geordnet zu haben, die voller Wohlklang sind, ob sie schon kein bestimmtes Sylbenmaaß

(weiter S. 142)

27 f. Michaelis behandelt in seiner Lowth-Ausgabe eingehend die Paronomasie, über die sein Vater 1737 eine Abhandlung geschrieben hatte. Er hält sie, von den modernen und klassischen Sprachen ausgehend, für ästhetisch wenig wertvoll.

28. Der Reim, sagt Salvini (Tom. II. Discours. 2.), kam mit dem Zweikampf und dem Lehnswesen auf die Welt wie eine angenehme Ansteckung, die, mit Ursprung in den leoninischen Versen, sich auf alle Volkssprachen übertrug (*Œuvres* du Comte Algarotti. Vol. III. *Essay sur la Rime* p. 76).

33. Von Ludwig Heinrich von Nicolay (1737–1820).

34 f. Michaelis' Anmerkung (S. 49, nicht 149, wie Hamann angibt) kommentiert Lowths Vorlesung über das freie hebräische

(weiter S. 142)

Der Geburtstag eines Genies wird, wie gewöhnlich, von einem Märtyrerfest unschuldiger Kinder begleitet – Man erlaube mir, daß ich den Reim und das Metrum mit unschuldigen Kindern vergleichen darf, die über unsere neueste Dichtkunst einer drohenden Lebensgefahr ausgesetzt zu seyn scheinen.

Wenn der Reim zum Geschlechte der Paronomasie[58] gehört: so muß das Herkommen desselben mit der Natur der Sprachen und unserer sinnlichen Vorstellungen beynahe gleich alt seyn. – – Wem das Joch des Reims zu schwer fällt, ist dadurch noch nicht be-
215] rechtigt, das Talent[59] desselben zu verfolgen. Der Hagestolze hätte dieser leichtsinnigen Feder sonst so viel Anlaß zu einer Stachelschrift gegeben, als Platon haben mochte den Schlucken des Aristophanes im Gastmal, oder Scarron seinen eigenen durch ein Sonnet zu verewigen.

Das freye Gebäude, welches sich Klopstock, dieser große Wiederhersteller des lyrischen Gesanges, erlaubet, ist vermuthlich ein Archaismus, welcher die rätzelhafte Mechanick der heiligen Poesie bey den Hebräern glücklich nachahmt, in welcher man nach der scharfsinnigen Beobachtung der gründlichsten Kunstrichter unserer Zeit[60] nichts mehr wahrnimmt als »eine künstliche Prose in alle kleine Theile ihrer Perioden aufgelöst, deren jeden man als einen

58. Siehe zu Lowthii Praelect. XV. die 76. Note des Herausgebers. Algarotti. Vol. III.

59. Sanft schleichet sich der Reim ins Herz, wenn er sich ungezwungen findet;
Er stützt und ziert die Harmonie, und leimt die Rede ins Gedächtnis.
Elegien und Briefe. Strasburg, 1760.

60. Siehe zu Lowths dritten Vorlesung die vierte Anmerkung des Herausgebers S. 149 und im dritten Theil der Briefe die neueste Litteratur betreffend den ein und funfzigsten.

(24.) haben ... Aber was sagen Sie zu der Versart; wenn ich es anders eine Versart nennen darf? Denn eigentlich ist es weiter nichts als eine künstliche Prosa, in alle kleinen Theile ihrer Perioden aufgelöset, deren jeden man als einen einzeln Vers eines besondern Sylbenmaaßes betrachten kann« (Lessing, *Briefe, die neueste Litteratur betreffend* III 51).

(34 f.) Metrum und vergleicht diese freien Verse mit Rezitativen, wie auch Lessing die Verse Klopstocks für Vertonung geeignet findet, weil diese sich sowieso über das Metrum hinwegsetzt. Michaelis sieht aber einen großen Unterschied zwischen der hebräischen Poesie und einer geordneten Prosa, weshalb er Jesaja einen göttlichen Dichter, aber keineswegs, wie andere, einen mustergültigen Redner bzw. Prosaisten nennen will.

5. Sonnenstäubchen: Atome (vgl. Komm. zu S. 119, 12).

21. Margot la Ravaudeuse: Nach Gildemeister ein Roman von Fougeret de Monbron; ravauder: plappern, schwätzen. Hamann besaß das Werk (vgl. N V 100, Nr. 548).

23. qualitates occultae: verborgene Eigenschaften. »Qualitates occultae nennen die Scholastiker besondere Kräfte, welche aus den Qualitäten erster Art (qu. primar.) nicht abzuleiten sind und auf den Einfluß der Gestirne bezogen werden (z. B. die magnetische Anziehungskraft) ... Gegen die okkulten Qu.en sind Descartes, Bérigard (17. Jahrh.), Newton u. a.« (Eisler II 563.)

34. Assaph: Ps. 50; 73-83; vgl. 1. Chron. 15, 19.

34 f. Verwandlungen der alten Kirchenlieder: *Geistliche Lieder.* Kopenhagen und Leipzig 1758. Darin »Veränderte Lieder«. Klopstock hat die Lieder verändert, wo er »veraltete Wörter«, »Härte des Sylbenmaßes« fand, aber vor allem da, wo der Verfasser »der Religion unwürdig wurde«.

35 f. Epopee: *Der Messias.*

36. Miltons *Paradise Lost.*

einzelnen Vers eines besondern Sylbenmaaßes ansehen kann; und die Betrachtungen oder Empfindungen der ältesten und heiligsten Dichter scheinen sich von selbst« (vielleicht eben so zufälliger weise wie Epikurs Sonnenstäubchen) »in symmetrische Zeilen geordnet zu haben, die voller Wohlklang sind, ob sie schon kein (vorgemaltes noch Gesetzkräftiges) Sylbenmaas haben.«

Homers monotonisches Metrum sollte uns wenigstens eben so paradox vorkommen, als die Ungebundenheit des deutschen Pindars[61]. Meine Bewunderung oder Unwissenheit von der Ursache eines durchgängigen Sylbenmaaßes in dem griechischen Dichter ist bey einer Reise durch Curland und Liefland gemäßigt worden. Es giebt in angeführten Gegenden gewisse Striche, wo man das lettische oder undeutsche Volk bey aller ihrer Arbeit singen hört, [216] aber nichts als eine Cadenz von wenig Tönen, die mit einem Metro viel Ähnlichkeit hat. Sollte ein

61. Würde es nicht poßierlich seyn, wenn Herr Klopstock seinem Setzer, oder einer Margot la Ravaudeuse, wie die Muse des Philologen ist, die Ursachen angeben wollte, warum er seine dichterische Empfindungen, die qualitates occultas für den Pöbel zum Gegenstande haben und in galanter Sprache Empfindungen par excellence heissen, mit abgesetzten Zeilen drucken läßt. Ohngeachtet meiner kauderwelschen Mundart würde ich sehr willig seyn, des Herrn Klopstocks prosaische Schreibart für ein Muster von klaßischer Vollkommenheit zu erkennen. Aus kleinen Proben davon trau ich diesem Autor eine so tiefe Kenntnis seiner Muttersprache, und besonders ihrer Prosodie zu, daß sein musikalisches Sylbenmaaß einem Sänger, der nicht gemein seyn will, zum Feyerkleide der lyrischen Dichtkunst am angemessensten zu seyn scheint. – Ich unterscheide die Originalstücke unsers Assaphs von seinen Verwandlungen der alten Kirchenlieder, ja selbst von seiner Epopee, deren Geschichte bekannt, und mit Miltons seiner, wo nicht ganz, doch im Profil, ähnlich ist.

5 f. vielleicht den Leuten von verdorbenem Geschmack zu Gefallen – die es [d. i. das Geschriebene] mit ihren Brenneisen kräuseln wollen (Cicero, *Brutus* 75, 262).

10-18. Schon zu lange sandte der Göttervater
Schnee und grause Schlossen; die glühend rothe
Rechte schlug die heiligen Zinnen, schreckte
Rom und die Völker

Mit der wiederkehrenden Zeit der Pyrrha,
Die von grassen Wundern umringt erseufzte,
Da der alte Proteus auf hoher Berge
Spitzen sein Vieh trieb.

(Horaz, *Oden* I 2; Ramler.)

Anspielung auf die antike Sintflutsage. Pyrrha ist die Gattin Deukalions, Proteus der alte Seegott.

Dichter unter ihnen aufstehen: so wäre es ganz natürlich, daß alle seine Verse nach diesem eingeführten Maasstab ihrer Stimmen zugeschnitten seyn würden. Es würde zu viel Zeit erfordern, diesen kleinen Umstand (ineptis gratum fortasse – qui volunt illa calamistris inurere) in sein gehörig Licht zu setzen, mit mehreren Phaenomenen zu vergleichen, den Gründen davon nachzuspüren, und die fruchtbaren Folgen zu entwickeln –

Iam satis terris niuis atque dirae
Grandinis misit Pater, & rubente
Dextera sacras iaculatus arces
Terruit vrbem,

Terruit gentes; graue ne rediret
Seculum Pyrrhae, noua monstra questae,
Omne quum Proteus pecus egit altos
Visere montes. – –

HORATIVS.

1. Apostille: erläuternde oder kritische Marginalie, Randbemerkung. Durch ›*post illa* verba‹ eingeleitet.
9. Eitelkeit: Pred. 12, 8-10.
12. Kaufmannsschiffe: Spr. 31, 14.
15. abzirkeln: mit dem Zirkel abmessen. Eine Figur abzirkeln. Ingleichen figürlich, aber nur in der vertraulichen Sprechart, genau bestimmen. Wer kann alle Worte so genau abzirkeln (Adelung).
16. Nägel zu einem Gezelt: Jes. 54, 2; Pred. 12, 11.
17. Kleinmeister: eine ungeschickte Übersetzung des Franz. Petitmaître, wofür andere das erträglichere süßer Herr gebraucht haben (Adelung). Ungefähr Stutzer. Vielleicht Anspielung auf Lessing, den Hamann in den *Wolken* »Kleinmeister sieben brotloser Künste« nannte (N II 100, 14).
20. Laßt . . . Hauptsumme: Pred. 12, 13.
22-25. Fürchtet . . . Wasserbrunnen!: Offb. 14, 7.
26 f. die Rhapsoden – Ausleger der Ausleger; vgl. S. 105, 1-3 u. 107, 1. Schleiermacher hat ›Sprecher der Sprecher‹ (Platon, *Ion* 535 a).
28. Prokopios (byzant. Geschichtsschreiber um 500 n. Chr.), *De bello persico* I 18, 30.
29. Sternchen macht leuchten, Spieß ersticht und niedersticht (Teilzitat). Bei Diogenes Laertius heißt es über die kritischen Zeichen in den damaligen Platon-Ausgaben, daß Asterisk übereinstimmende Meinung, Obelisk Unechtes bezeichne (III 66).
31. massoretischen Zeichen: vgl. Kommentar zu S. 119, 2

[217] ## *Apostille.*

Als der älteste Leser dieser Rhapsodie in kabbalistischer Prose seh ich mich vermöge des Rechts der Erstgeburt verpflichtet, meinen jüngern Brüdern, die nach mir kommen werden, noch ein Beyspiel eines barmherzigen Urtheils zu hinterlassen, wie folget:

Es schmeckt alles in dieser ästhetischen Nuß nach Eitelkeit! – nach Eitelkeit! – Der Rhapsodist[62] hat gelesen, beobachtet, gedacht, angenehme Worte gesucht und gefunden, treulich angeführt, gleich einem Kaufmannsschiffe seine Nahrung weit her geholt, und von ferne gebracht. Er hat Satz und Satz zusammengerechnet, wie man die Pfeile[63] auf einem Schlachtfelde zählt; und seine Figuren abgezirkelt, wie man die Nägel zu einem Gezelt abmißt. Anstatt Nägel und Pfeile hat er mit den Kleinmeistern und Schulfüchsen seiner Zeit ******** und ––––––––– Obelisken und Asterisken[64] geschrieben.

Laßt uns jetzt die Hauptsumme seiner neusten Ästhetick, welche die älteste ist, hören:

Fürchtet GOtt und gebt Ihm die Ehre, denn die Zeit Seines Gerichts ist kommen, und betet an Den, der gemacht hat Himmel und Erden und Meer und die Wasserbrunnen!

62. – οι ραψωδοι – ερμηνεων ερμενεις. Sokrates in Platons Ion.

63. Procop. de bello persico. I. 18.

64. Asteriscus illucescere facit; obeliscus iugulat et confodit: Hieronymus in praefat. Pentateuchi. Conf. Laertius in Platone. Ein geschickter Gebrauch dieser massoretischen Zeichen könnte eben so gut dienen, die salomonischen Schriften zu verjüngen, als einer der neuesten Ausleger zween Briefe Pauli durch die Methode der §. §. und Tabellen erläutert hat.

[illegible]

# ZU TEXT UND KOMMENTAR

Der Text folgt der historisch-kritischen Ausgabe von Josef Nadler. Druckfehler und deutliche Versehen, die der Herausgeber feststellen konnte, wurden berichtigt. Fritz Blanke hat in seiner Edition der *Sokratischen Denkwürdigkeiten* auf mehrere dieser Fehler und Versehen aufmerksam gemacht, desgleichen, was die *Aesthetica in nuce* betrifft, Walter Boehlich in seiner Rezension *Die historisch-kritische Hamann-Ausgabe* (Euphorion 50, 1, 1956). Dagegen habe ich weder aus G. A. Wieners Nachträgen zu der Ausgabe von Friedrich Roth noch aus Randbemerkungen des Schaffhausener Exemplars der *Sokratischen Denkwürdigkeiten*, das Blanke in seiner Edition mit dem Text Nadlers vergleicht, etwas in den Text oder in die Fußnoten aufgenommen, auch nicht Fehlendes oder Abweichendes im Kommentar behandelt, d. h., grundsätzlich wurde der von Nadler hergestellte Text nicht geändert.

Auf die manchmal sehr aufgeregte Debatte über Nadlers Editionsprinzipien möchte ich hier nicht näher eingehen. Der Streit dreht sich letzten Endes darum, ob Hamanns handschriftliche Eintragungen »Textabsicht« (Nadler) haben und ob Nadler als Herausgeber befugt und imstande war, sie als Hamanns »letzten Willen« (Nadler) in Text und Noten der Erstausgaben hineinzuarbeiten. Wenn man auch einen Druck der Erstausgaben unter Berücksichtigung der handschriftlichen Textänderungen und der späteren Marginalien in einem Apparat vorgezogen hätte, kann nicht geleugnet werden, daß die Zusätze meist genauso mit dem Text zusammengehalten werden müssen wie die ursprünglichen Fußnoten, die nicht als überflüssiges, gelehrtes Beiwerk zu betrachten sind, daß sie also »Textabsicht« bekunden. Die Kritik sollte demnach die Ausführung prüfen und konkret zeigen, daß Nadler die Aufgabe, die er sich stellte, nicht lösen konnte. Eine solche kritische Untersuchung einer Edition Nadlers hat aber, soweit ich zu sehen vermag, nur Ingemarie Manegold unternommen[1]. Sie hat eine von

1. Martin Seils hat *Die Schürze von Feigenblättern* ediert, es handelt sich aber hier um einen handschriftlichen Entwurf, so daß die Problematik nicht dieselbe ist. Ähnliches gilt für Wilhelm Koepp *Das wirkliche »Letzte Blatt« J. G. Hamanns.* Wissenschaftliche Zeitschrift der Universität Rostock 3 (1953). Gesellschafts- u. sprachwissenschaftliche Reihe H. 1. S. 71–79. In beiden Fällen wurde Nadlers Lösung überholt.

Nadler unabhängige Edition der Schrift *Konxompax* veröffentlicht und dabei sein Verfahren und dessen Ergebnisse genau geprüft. Es erscheint nun immerhin bemerkenswert, daß ihre Kritik recht positiv ausfällt. Sie verschweigt keineswegs Fehler und Mängel, betont, daß Spezialuntersuchungen Berichtigungen haben beisteuern können (S. 50), resümiert aber: »trotz einiger Versehen im Detail zeugt Nadlers Edition von solcher Versiertheit, textkritischer Methode und philologischem Takt, daß jede Kritik, die nicht mit vollem Rüstzeug arbeitet, sein Werk eher verschlechtern als verbessern wird« (S. 58).

Es steht fest, daß eine Änderung des Nadler-Textes ohne eine Untersuchung sämtlicher vorhandenen Exemplare mit ihren oft voneinander abweichenden handschriftlichen Zusätzen und ohne einen größeren Apparat, worin auch das von Wiener Beigesteuerte seinen Platz finden müßte, auf philologisch verantwortliche Weise nicht möglich ist. Ein Neudruck der Erstausgaben ohne Lesarten und später hinzugefügte Anmerkungen ist mißlich, da dem Leser dadurch viele Fingerzeige Hamanns vorenthalten bleiben, die wir noch nötiger haben als seine Freunde. So mußte der Text der historisch-kritischen Ausgabe als die einzige für diesen Druck in Betracht kommende Vorlage angesehen werden.

Ein besonderes Problem ist der bunte Satz der *Aesthetica in nuce*. Hamann hat, außer Versalbuchstaben, zwei Fettdruckschriften in den Frakturpartien und Kursive in den Antiquapartien ausgiebig benutzt. So sind in den Horaz-Versen und im ersten Absatz der ersten Seite mit verschiedenen Mitteln folgende Wörter hervorgehoben: profanum, linguis, sacerdos, Virginibus puerisque, Regum, greges, Reges, Iouis, giganteo, supercilio, Wurfschaufel, Tenne, Erzengel, Reliquien, Sprache Kanaans, auf schönen Eselinnen, Wettlauf, Eutyphrons.

Mit den Hervorhebungen hat Hamann teils auf Zitate und Anspielungen im Text, teils auf die wichtigsten Wörter eines Zitats in ihrer Beziehung zum Text aufmerksam machen wollen, teils hat er wichtige Begriffe unterstrichen. Im Kommentar sind die Fingerzeige, die Fettdruck und Kursive geben, verwertet worden, aber um nicht mit drei Schriften setzen zu müssen und weil der Verweisungscharakter bei einer solchen Menge von Hervorhebungen weitgehend illusorisch sein dürfte, sind Fett- und Kursivdruck, wie bei Nadler, getilgt worden. Sperrdruck ist in unserer Ausgabe durch Kursive wiedergegeben.

Ein Kommentar ist nötig, um Hamanns Werke zu lesen. Neben Nachträgen und Erläuterungen wollte Wiener mit seinem Registerband einen Wegweiser zum Gesamtwerk schaffen, den auch Nadlers ›Schlüssel‹ (N VI) nicht ersetzt, sondern ergänzt. Auf diese wichtigen Hilfsmittel sei hier nachdrücklich verwiesen. Rudolf Unger hat aus seinem reichen Wissen zur Klärung vieler Einzelfragen beigetragen, es wurde jedoch deutlich, daß ausführlichere Kommentare zu den einzelnen Schriften nötig sind. Für die hier abgedruckten Schriften lieferte die Auswahl *Sturm und Drang. Kritische Schriften* von Lambert Schneider und Waltraut Schleuning (1949) einen für den Umfang ihrer Anmerkungen reichen Beitrag. Boehlich konnte in seiner Rezension zwei Anspielungen klären. Zu verschiedenen Schriften erscheinen jetzt ausführliche Kommentare und Deutungen in der Reihe *Hamanns Hauptschriften erklärt*, und so konnte ich mich dankbar auf Blankes Kommentar zu den *Sokratischen Denkwürdigkeiten* stützen. Eine Diskussion seiner Vorschläge verbot der Umfang des vorliegenden Kommentars, weshalb ich auf meine Besprechung in *Orbis Litterarum* verweise.

Was die *Aesthetica in nuce* betrifft, liegt eine maschinengeschriebene Dissertation von Wolfgang Gutfleisch vor (1964), die in der Deutung eigene Wege geht, in der ›Dokumentation‹, d. h. im eigentlichen Textkommentar, aber selten über das bei Unger, Nadler, Lambert Schneider und Waltraut Schleuning Gegebene hinausgeht. Letzteres gilt auch für den Kommentar in der Auswahl *Johann Georg Hamann. Entkleidung und Verklärung* von Martin Seils (1963). Während Gutfleisch den Text Nadlers kommentiert, geht Martin Seils auf die Originalausgaben zurück, reduziert aber Hamanns Anmerkungen auf ein Mindestmaß, indem er einerseits konsequent spätere Randbemerkungen nicht aufnimmt, andererseits aber die später von Hamann gestrichenen auch in seiner Ausgabe streicht. Auf die stehengebliebenen Anmerkungen geht sein Kommentar nicht ein.

Die genannten Arbeiten hat der Herausgeber zu Rate gezogen und viel aus ihnen gelernt. Zustimmung und Kritik konnten in dem knappen Kommentar keinen Platz finden, sind aber bei einem Vergleich leicht zu erkennen. Ich hoffe, daß ich nichts Wichtiges übersehen und keine richtige Einsicht verworfen habe. Nicht mehr berücksichtigt werden konnten *Johann Georg Hamann. Schriften zur Sprache. Einleitung und Anmerkungen von Josef Simon* (1967) und James C. O'Flaherty, *Hamann's Socratic Memorabilia. A*

*Translation and Commentary* (1967), da das Manuskript vor Erscheinen dieser Arbeiten schon abgeschlossen war.

Der Kommentar der vorliegenden Ausgabe soll die für das Verständnis der anspielungsreichen und verschlüsselten Schriften nötigen Erklärungen und Hinweise möglichst kurzgefaßt bringen. So konnten z. B. Wieners viele Hinweise auf Verwandtes, besonders bei klassischen Autoren, das Hamanns Gedanken und Formulierungen beeinflußt haben mag, nicht aufgenommen werden. Der Kommentar enthält:

1. Verweise auf Bibelstellen, mit denen Hamann seine Schriften gesättigt hat und deren Gebrauch in leisen Anspielungen, in direkten Zitaten und in Centos für seinen Stil charakteristisch ist. Die immer wechselnde Weise ihrer Verwendung sieht nur derjenige, der sie alle gegenwärtig hat oder nachschlägt.
2. Übersetzung fremdsprachiger Zitate. Wo es möglich war, wurden zeitgenössische Übersetzungen (Wieland, Ramler, Heinse usw.) verwendet. Der Name des Übersetzers ist in Klammern beigefügt, jedoch nicht nach den Platon-Stellen, die alle der Übersetzung Schleiermachers (Berlin ²1855) entnommen sind. Der griechische Text, den Hamann zitiert, stimmt in vielen, aber nicht in allen Fällen mit den Stephanus-Lesarten überein, die moderne kritische Ausgaben verzeichnen, und er weicht in der Interpunktion ebenfalls mitunter von den modernen Editionen ab. Ähnliches gilt für Ovid, Petronius usw. Es konnte nicht die Aufgabe des Kommentars sein, die Fortschritte in der klassischen Philologie seit Hamann zu registrieren, und die Unterschiede zu den Vorlagen der verwendeten Übersetzungen waren so gering, daß der Herausgeber keine Ursache fand, von dem Gebrauch der Schleiermacher- bzw. Voß-Übersetzung abzugehen. In Zweifelsfällen durfte der Herausgeber, der kein Altphilologe ist, bei Dr. Jan Pinborg (Institut for græsk og latinsk middelalderfilologi, Universität Kopenhagen) Rat und Auskunft holen, haftet aber natürlich selbst für Fehlentscheidungen. Ähnlich wurde in den Fällen verfahren, wo Hamann frei zitiert, kürzt oder interpoliert. Er läßt z. B. in einem Bacon-Zitat ein »id quod superius diximus« aus (S. 117, 17), weil es in seinem Zitat stören würde, er schreibt statt »verum utcunque non tolerant *Orgya* aut *Pentheum* aut *Orpheum*« bloß »Orgia nec Pentheum nec Orpheum tolerant« (S. 97, 20) – genau wie er Fontenelles »Cet art de personifier . . . « in ein »L'art de personifier . . . «

(S. 99, 19 f.) ändert. Die Fundstellen sind immer angegeben, außer wo sie nicht ermittelt werden konnten, aber es wurde nicht für sinnvoll erachtet, den Kommentar dieser Ausgabe mit der Registrierung solcher Abweichungen zu belasten. Von den Platon-Zitaten abgesehen, stammen alle Übersetzungen, deren Verfasser nicht genannt sind, vom Herausgeber.

3. Erklärung deutscher Wörter, in den meisten Fällen nach Adelung, *Grammatisch-kritisches Wörterbuch der Hochdeutschen Mundart* (Wien 1811). Außerdem wurden Grimms Wörterbuch und Rudolf Eisler, *Wörterbuch der philosophischen Begriffe* (Berlin $^{4}$1927) verwendet.
4. Zitate aus zeitgenössischer Literatur, die Hamann in seinen Text eingearbeitet hat.
5. Kurze Erläuterungen für Personen, Begebenheiten, Begriffe usw., die von Hamann als bekannt vorausgesetzt werden, es heute aber nicht mehr sein dürften.
6. Für die *Sokratischen Denkwürdigkeiten* Verweise auf die leicht zugängliche antike Literatur, aus der Hamanns Gewährsleute schöpften. Bei Blanke sind die schwerer zugänglichen unmittelbaren Quellen ausführlich zitiert.
7. Kurze Deutungen schwieriger Stellen. Hier konnte das Für und Wider nicht ausführlich dargestellt und abgewogen werden, aber grundsätzlich sind die Deutungen als Deutungsvorschläge zu betrachten.

*Verzeichnis der gegenüber Nadler berichtigten Druckfehler*

| Nadler Bd. II | | vorliegende Ausgabe | |
|---|---|---|---|
| 59, 14 | taub[1] | 7, 17 | nichts[1] |
| 60, 5 | alle Menschen | 9, 15 | alle die Menschen |
| 63, 13 | denjenigen | 21, 11 | denenjenigen |
| 65, 1 | Linsen zu | 25, 28 | Linsen, zu |
| 67, 34 | haben bestimmt, werden. | 33, 26 | haben, bestimmt werden. |
| 69, 26 | Pensees oder Loisirs | 37, 26 | Pensees der Loisirs |
| 69, 29 | σχηματιζτονται | 39, 26 | σχηματιζονται |
| 71, 35 | νυκτηρις | 45, 31 | νυκτερις |
| 71, 35 | κα | 45, 32 | και |
| 74, 40 | puisse | 55, 29 | puise |

| Nadler Bd. II | | vorliegende Ausgabe | |
|---|---|---|---|
| 78, 7 | Xenophon[46] | 63, 1 | wurde[46] |
| 79, 2 | Spatziergang[53] | 65, 8 | sich selbst gewesen[53]. |
| 197, 35 | συνδοκῃ | 81, 30 | συνδοκῃ, |
| 197, 38 | ιδῃαι | 81, 33 | ιδηαι |
| 199, 3 | zu bringen des Poeten | 87, 16 | zu bringen, des Poeten |
| 199, 9 | von Tapeten überein. | 89, 5 | von Tapeten überein, |
| 199, 25 | letzten | 89, 11 | letztern |
| 199, 40 | ϱαδιως | 91, 23 | ϱᾳδιως |
| 199, 41 | εϑελης | 91, 24 | εϑελῃς |
| 199, 44 | einer der | 91, 28 | einem der |
| 200, 19 | auf einer Ribbe | 93, 12 | aus einer Ribbe |
| 200, 33 | Schüsseln | 95, 16 | Schüsseln« |
| 202, 34 f. | latidudinem | 101, 17 | latitudinem |
| 205, 8 | Feenmärchen | 111, 7 | Feenmährchen |
| 205, 29 | πϱεποιγε | 109, 24 | πϱεποι γε |
| 205, 32 | damit ich auch komme | 109, 29 | damit ich auch komme, |
| 205, 34 | Joh. IX | 109, 30 | Joh. XI |
| 205, 42 | s'aura | 111, 33 | saura |
| 206, 18 | an Glanz | 113, 25 | am Glanz |
| 206, 22 | sobald ihr jenes | 115, 1 f. | so bald ihr jenes |
| 207, 39 | quam proper | 117, 24 | quam propter |
| 208, 1 | petrificierte | 119, 8 | petrificirte |
| 208, 31 | πϱοτους | 119, 31 | πϱωτους |
| 208, 31 | ουσιν | 119, 31 | ουσι |
| 208, 32 | ημεις | 119, 32 | υμεις |
| 208, 32 | απεϱχη | 119, 32 | απεχϱη |
| 209, 15 | „Non | 123, 15 | Non |
| 209, 36 | Ms. de Verney | 121, 36 | M. du Verney |
| 210, 42 | submissit | 127, 15 | submisit |
| 210, 47 | fecerumque | 127, 20 | feretrumque |
| 211, 14 | hinabfuhrst | 129, 15 f. | herabfuhrst |
| 212, 6 | aller derer Knie | 131, 23 | alle derer Knie |
| 215, 30 | würde es nicht | 143, 20 | Würde es nicht |
| 217, 2 | dieser Rapsodie | 147, 2 | dieser Rhapsodie |

Nicht geändert wurden AESTHETICA (S. 77, 1; N II 195, 1; Original AESTHAETICA) und Phaenomenen (S. 145, 7; N II 216, 6; Original Phoenomenen).

## ZEITTAFEL

1730 Johann Georg Hamann wird am 27. August in Königsberg als erster Sohn des Baders Johann Christoph Hamann (1697–1766) und der Maria Magdalene geb. Nuppenau geboren. Sein Großvater väterlicherseits war Pfarrer, sein Onkel Johann Georg Hamann (1697–1733) der Verfasser einer Fortsetzung von Zieglers *Asiatischer Banise*, geistlicher Lieder und eines *Poetischen Lexicons*.

1746 Immatrikulation an der Albertus-Universität in Königsberg. Studien der Rechts- und Staatswissenschaft, Philosophie, Sprachen und Literatur. Mit den Freunden Johann Christoph Berens, Johann Gotthelf Lindner u. a. Herausgabe der Wochenschrift *Daphne*.

1752–56 Ohne Abschluß eines Studiums geht Hamann als Hauslehrer nach Livland. Anstellung auf zwei adligen Gütern. Fortsetzung philosophischer und volkswirtschaftlicher Studien und ausgedehnte Lektüre englischer und französischer Schriftsteller. Übersetzung und ›Beylage‹ einer handelspolitischen Schrift im Auftrage von Berens.

1756–58 Anstellung im Handelshaus Berens, Riga. Über Königsberg, Berlin (Zusammensein mit Moses Mendelssohn und Johann Georg Sulzer), Lübeck und Rotterdam nach London, wo er 1757 in mutmaßlich handelspolitischem Auftrag der Firma eintrifft. Das Scheitern des Auftrages löst eine Krise aus, die mit einer Umkehr überwunden wird, deren Niederschlag die nicht zur Veröffentlichung bestimmten Schriften *Biblische Betrachtungen eines Christen* und *Gedanken über meinen Lebenslauf* sind.

1758/59 Wieder in Riga. Gespanntes Verhältnis zu J. C. Berens, woran seine Werbung um dessen Schwester Katharina im Dezember 1758 scheitert. Im Januar 1759 kehrt Hamann nach Königsberg zurück.

1759–64 Im Sommer 1759 kommt J. C. Berens nach Königsberg und versucht mit Kant Hamanns Rückbekehrung zur Aufklärung. *Sokratische Denkwürdigkeiten* erscheinen als Antwort und Anfang der eigentlichen Autorschaft. Eine Einladung zur Mitarbeit an den *Literaturbriefen* schlägt

Hamann aus, veröffentlicht aber mehrere kleine Schriften, von denen die wichtigsten, darunter *Aesthetica in nuce*, in dem Sammelband *Kreuzzüge des Philologen* (1762) erschienen. Mitarbeit an den *Königsbergschen Gelehrten und Politischen Zeitungen*. Studien des Griechischen, Hebräischen und Arabischen, Luthers und Bengels, aber gleichzeitig rege Anteilnahme an dem literarischen und philosophischen Gespräch, die sich in kleinen polemischen Schriften äußert. Anfang seiner Leidenschaft zu Anna Regine Schumacher, die als Mädchen im Hause des Vaters dient. Beginn der Freundschaft mit Herder, den er in die englische Sprache und Literatur einführt. Versuche, im Magistrat und in der Kriegs- und Domänenkammer eine Stellung zu finden.

1764–67 Hamann verläßt Königsberg, um eine Anstellung in Frankfurt am Main, die ihm von Friedrich Carl von Moser angeboten worden ist, zu übernehmen, verfehlt aber Moser. In Berlin bei Mendelssohn und Friedrich Nicolai. Rückkehr nach Königsberg, das Herder verläßt, um nach Riga zu gehen. Hamann geht 1765 nach Mitau als Sekretär bei dem Rechtsanwalt Tottien. Reise nach Warschau. Wiederholtes Zusammensein mit Herder. Tod des Vaters 1766.

1767–72 Hamann kehrt nach Königsberg zurück. Durch Kants Vermittlung bekommt er eine Übersetzerstelle in der von Franzosen geleiteten Zollverwaltung. Da er immer noch Katharina Berens als »seine Braut aus Gottes Hand« ansieht, fängt er eine »Gewissensehe« mit Anna Regine Schumacher an. Das erste Kind wird am 27. September 1769 geboren. Wirtschaftlich schwierige Lage. Kleinere französische Schriften und Übersetzungen aus dem Englischen. Zeitungsartikel.

1772–75 Wiederaufnahme der Verbindung mit Herder. Beförderung zum Packhofverwalter. Als Antwort auf Herders Preisschrift *Über den Ursprung der Sprache* schreibt Hamann u. a. *Des Ritters von Rosencreuz letzte Willensmeynung über den göttlichen und menschlichen Ursprung der Sprache*. Auch zu Herders Schrift *Älteste Urkunde des Menschengeschlechts* äußert sich Hamann. Verbindung mit Matthias Claudius und Johann Kaspar Lavater.

1775–78 In den *Hierophantischen Briefen* und *Konxompax* religionsgeschichtliche und theologische Auseinandersetzungen mit dem Aufklärer, Freimaurer und Kryptokatholiken Starck, den Hamann zu seinem Beichtvater macht, über Ursprung und Wesen des Christentums.

1778–86 *Metakritik über den Purismum der Vernunft* zu Kants *Kritik der reinen Vernunft.* Erst posthum (1800) gedruckt. *Golgatha und Scheblimini* zu Mendelssohns *Jerusalem oder über religiöse Macht und Judentum.* Freundschaft mit Friedrich Heinrich Jacobi und Franz Caspar Buchholtz, der Hamann aus finanzieller Not hilft. Anfang der Beziehungen zu dem Kreis um die Fürstin Galitzin in Münster. *Entkleidung und Verklärung. Ein fliegender Brief an Niemand, den Kundbaren,* Abschluß seiner Autorschaft.

1787/88 Ein Gesuch um Urlaub wird mit Abschied und kleiner Pension beantwortet. Hamann tritt die lange geplante Reise nach Westfalen, zu F. H. Jacobi, Buchholtz und der Fürstin Galitzin, an. Von Krankheiten geplagt, verbringt er sein letztes Jahr als Gast bei ihnen. Als er die Rückreise über Weimar nach Königsberg antreten will, stirbt er am 21. Juni 1788. Er wird im Garten der Fürstin Galitzin begraben.

# LITERATURHINWEISE


Bibliographie

*Die Hamann-Forschung.* Einführung von Fritz Blanke, Geschichte der Deutungen von Karlfried Gründer. Bibliographie von Lothar Schreiner. In: J. G. Hamanns Hauptschriften erklärt, Bd. 1. Gütersloh: Bertelsmann 1956.

Valerio Verra, *Neue Wege der Hamannforschung.* In: Philosophische Rundschau. 7. Jg. 1959, S. 204–226.

Viktor Suchy, *Johann Georg Hamann, Kirchenvater, »Mystischer Zeuge« oder Häresiarch (Hundertfünfzig Jahre Hamann-Deutung und -Forschung).* In: Jahrbuch des Wiener Goethe-Vereins. Neue Folge der Chronik. Bd. 69-71. 1965–67.

Werke und Briefe

*Hamanns Schriften* 1–7, hrsg. von Friedrich Roth. Berlin 1821–25. Nachträge, Erläuterungen und Berichtigungen. Register. Von G. A. Wiener. 1842 f.

*Johann Georg Hamanns, des Magus im Norden, Leben und Schriften,* hrsg. von Carl Hermann Gildemeister. 6 Bände, Gotha 1857 bis 1873.

Johann Georg Hamann, *Sämtliche Werke.* Historisch-kritische Ausgabe, hrsg. von Josef Nadler. I–VI. Wien: Herder 1949–57 (zit. N).

*Johann Georg Hamanns Briefwechsel,* hrsg. von Walther Ziesemer und Arthur Henkel. Erschienen sind 5 Bände. Wiesbaden: Insel-Verlag 1955–65 (zit. ZH).

Gesamtdarstellungen

Rudolf Unger, *Hamann und die Aufklärung.* 2 Bde. Jena: Diederichs 1911.

Josef Nadler, *Johann Georg Hamann 1730–1788. Der Zeuge des Corpus mysticum.* Salzburg: Müller 1949.

Ausführlich kommentierte Ausgaben einzelner Schriften

In der Reihe *Johann Georg Hamanns Hauptschriften erklärt,* Gütersloh: Bertelsmann, später G. Mohn 1956 ff.:

Bd. 2: *Sokratische Denkwürdigkeiten.* Erklärt von Fritz Blanke. 1959.

Bd. 4: *Über den Ursprung der Sprache:* Zwo Recensionen nebst einer Beylage betreffend den Ursprung der Sprache. Des Ritters von Rosencreuz letzte Willensmeynung über den göttlichen und menschlichen Ursprung der Sprache. Philologische Einfälle und Zweifel. Au Salomon de Prusse. Erklärt von Elfriede Büchsel. 1963.
Bd. 5: *Mysterienschriften:* Hierophantische Briefe. Versuch einer Sibylle über die Ehe. Konxompax. Erklärt von Evert Jansen Schoonhoven. – Schürze von Feigenblättern. Kritisch hrsg. und erklärt von Martin Seils. 1962.
Bd. 7: *Golgatha und Scheblimini.* Erklärt von Lothar Schreiner. 1956.

*Fünf Hirtenbriefe das Schuldrama betreffend.* Einführung und Kommentar von Sven-Aage Jørgensen. Kopenhagen 1962.
Ingemarie Manegold, *Johann Georg Hamanns Schrift »Konxompax«. Text, Entstehung und Bedeutung.* Heidelberg: Winter 1963.
James C. O'Flaherty, *Hamann's Socratic Memorabilia. A Translation and Commentary.* Baltimore: The Johns Hopkins Press 1967.

Auswahlen mit Kommentaren

*Sturm und Drang. Kritische Schriften.* Anmerkungen und Register von Lambert Schneider und Waltraut Schleuning. Heidelberg: Schneider 1949.
*Johann Georg Hamann. Entkleidung und Verklärung.* Eine Auswahl aus Schriften und Briefen des »Magus in Norden«, hrsg. von Martin Seils. Berlin: Union-Verlag 1963.
*Johann Georg Hamann. Schriften zur Sprache.* Einleitung und Anmerkungen von Josef Simon. Frankfurt a. M.: Suhrkamp 1967.

Zu den »Sokratischen Denkwürdigkeiten«

Fritz Blanke, *J. G. Hamann und Sokrates. Ein Beitrag zur Geschichte der Sokratesdeutung.* In: Festschrift zur Feier des 350-jährigen Bestehens des Heinrich-Suso-Gymnasiums Konstanz. Konstanz 1954.
Benno Böhm, *Sokrates im achtzehnten Jahrhundert. Studien zum Werdegange des modernen Persönlichkeitsbewußtseins.* Leipzig: Quelle & Meyer 1929.
Sven-Aage Jørgensen, *Philologische Einfälle und Zweifel über einen Kommentar zu Johann Georg Hamanns »Sokratischen Denkwürdigkeiten«.* Orbis Litterarum, Tom. 23, Kopenhagen 1968.

Zu »Aesthetica in nuce«

Marie-Theres Küsters, *Inhaltsanalyse von J. G. Hamanns »Aesthetica in Nuce, eine Rhapsodie in kabbalistischer Prose«.* Diss. Münster. Bottrop 1936.

Wolfgang Gutfleisch, *Johann Georg Hamanns ›AESTHETICA. IN. NUCE.‹ Dokumentation und Kommentar.* Diss. München 1964. [Masch.]

Sven-Aage Jørgensen, *Hamann, Bacon, and Tradition.* Orbis Litterarum, Tom. 16. Kopenhagen 1961.

Sonstiges

Rudolf Unger, *Hamanns Sprachtheorie im Zusammenhange seines Denkens.* München: Beck 1905.

Erwin Metzke, *J. G. Hamanns Stellung in der Philosophie des 18. Jahrhunderts.* Halle (Saale): Niemeyer 1934.

Karlfried Gründer, *Figur und Geschichte. Johann Georg Hamanns »Biblische Betrachtungen« als Ansatz einer Geschichtsphilosophie.* Freiburg u. München: Alber 1958.

Hansjörg Alfred Salmony, *Johann Georg Hamanns metakritische Philosophie* I. Zollikon: Ev. Verlag 1958.

Fritz Blanke, *Hamann-Studien.* Studien zur Dogmengeschichte und systematischen Theologie, Bd. 10. Zürich: Zwingli 1956.

Helmuth Schreiner, *Die Menschwerdung Gottes in der Theologie Johann Georg Hamanns.* 2. erw. Auflage. Tübingen: Katzmann 1950.

Martin Seils, *Theologische Aspekte zur gegenwärtigen Hamann-Deutung.* Göttingen: Vandenhoeck & Ruprecht 1957.

Elfriede Büchsel, *Untersuchungen zur Struktur von Hamanns Schriften auf dem Hintergrunde der Bibel.* Diss. Göttingen 1953. [Masch.]

Eric A. Blackall, *The Emergence of German as a Literary Language 1700–1775.* (Kap. 13. The Mystical Approach.) Cambridge: University Press 1959. – Übersetzung: *Die Entwicklung des Deutschen zur Literatursprache 1700–1775.* Deutsch von Hans G. Schürmann. Mit einem Bericht über neue Forschungsergebnisse 1955–1964 von Dieter Kimpel. (Kap. 13. Der mystische Zugang.) Stuttgart: Metzler 1966.

Sven-Aage Jørgensen, *Zu Hamanns Stil.* Germanisch-Romanische Monatsschrift. N. F. Band XVI. Heft 4. 1966.

# NACHWORT

*Sokratische Denkwürdigkeiten* und *Aesthetica in nuce* bilden den Anfang und den Höhepunkt der ersten Schaffensperiode Hamanns – und sie wurden seine für die deutsche Literatur wichtigsten Schriften. Der späte Hamann, d. h. der Hamann nach den Schriften zu Herders *Über den Ursprung der Sprache,* wendet sich in seinen Hauptarbeiten, trotz ihrer hohen, oft sogar den Freunden zu hermetischen Kunst, immer mehr und ausschließlicher der Philosophie, der Religionsgeschichte und der Theologie zu. Glühen seine Spätschriften inniger und dunkler, so sind seine Frühschriften in ihrem Spektrum reicher, universaler in ihrer Sicht. Hamann war aber immer, wie seine Freunde und Gegner Mendelssohn, Lessing und Nicolai und wie sein Schüler Herder, ein Intellektueller, der keineswegs nur für die ›schöne Literatur‹ oder die Ästhetik lebte. Wie die Aufklärung auf allen Gebieten, von Geschichte, Politik und Volkswirtschaft bis zur Theologie, aufräumen und neu anfangen wollte, wie ihre besten Vertreter Universalbegabungen waren, so umspannte auch Hamann, ihr Schüler und Kritiker, das ganze geistige Leben und konnte, wie ein Lessing, den Fachgelehrten, den Theologen und Philosophen, grundlegende und unangenehme Fragen stellen.

Schüler und Kritiker der Aufklärung war Hamann, wie Lessing und Kant es waren, und nicht umsonst wurde Rudolf Ungers großes Buch über Hamann ein Werk über *Hamann und die Aufklärung.* Verschärften sich auch später die Gegensätze, so schienen sie am Anfang den ›Gegnern‹ so wenig deutlich, daß sie ihn für die *Briefe, die neueste Litteratur betreffend* gewinnen wollten. Im Dialog mit der Aufklärung schrieb Hamann sein Bestes. Der Sturm und Drang deutete ihn ins Mystisch-Orakelnde, ins Irrationalistische und Urtümliche um – seine tiefsten Intentionen hat er nicht verstanden oder, wie Herder und F. H. Jacobi, nicht aufnehmen können oder wollen. Sein eigentlicher Nachfolger wurde Kierkegaard.

Johann Georg Hamann wuchs in die späte Aufklärung hinein, mit der sich Pietismus und Empfindsamkeit leicht amalgierten. In Königsberg hatten die Pietisten nach anfänglichen schweren Kämpfen, die die Universität fast zugrunde gerichtet hatten, sich sowohl mit den Aufklärern als auch mit den Orthodoxen versöhnt. Einen notwendigen Konflikt zwischen Glauben und Vernunft sah man so wenig wie einen zwischen Vernunft und Empfindung, zwischen Tugend, Natur und Glückseligkeit. Wenn man den Hauptvertreter der Synthese zwischen Aufklärung und Pietismus, Franz Albert Schultz, hörte, spottete Theodor von Hippel, sollte man meinen, daß Christus und die Apostel alle bei Wolff in Halle studiert hätten. Und der zwanzigjährige Student Hamann versicherte in der Wochenschrift *Daphne* seinen Leserinnen: »Die Sinnen, die Vernunft, die Tugend, die Religion, der Glaube sind alles Mittel, wodurch sich die Freude der Seelen eines Christen bemächtiget. Der Lasterhafte mag für seine Vernunft erschrecken, so wie Satan bey seinem Glauben zittert. Mir dienen Vernunft und Religion dazu, mich in meinen Vergnügungen mit mir selbst zufrieden zu machen« (N IV 17, 10-14).

So vernünftig, tugendhaft und harmonisch, wie Hamann sich hier gibt, wie er sich nach der Richtung und dem Zweck der Wochenschrift geben mußte, war er indessen nicht. Wenn seine *Gedanken über meinen Lebenslauf* auch pietistisch stilisiert sind, so spricht der Brief, mit dem er seinen Vater um Erlaubnis bittet, eine Hofmeisterstelle in Livland anzunehmen, deutlich von einem »Verdruß, der mich gegen alles Gute zuletzt unempfindlich machen wird« (ZH I 12, 25 f.). Über eine Hofmeisterstelle wollte Hamann aus der Enge Königsbergs in die Welt, und die ausgedehnten, aber zu keinem Abschluß geführten Studien sollten Teil eines Plans sein: »Ich habe diesem Triebe zu reisen gemäs mein Studieren eingerichtet, v mich daher nicht so wohl auf eine besondere Wißenschaft, die mir zum Handwerk dienen könnte, sondern vielmehr auf einen guten Geschmack in der Gelehrsamkeit überhaupt gelegt« (ZH I 9, 28-31).

Die erste Stelle war schlecht, die zweite gut, aber Hamann fand sich nicht zurecht. Er setzte zwar seine Studien fort, aber der Sprung in die große Welt gelang ihm nicht, Unzufriedenheit und Hypochondrie plagten ihn. Als sein Freund Johann Christoph Berens von Paris zurückkehrte, gewann er Hamann für die Volkswirtschaft und für den Handel. Das erste Ergebnis waren *Des Herrn von Dangeuil's Anmerkungen über die Vortheile und Nachtheile von Frankreich und Großbritannien in Ansehung des Handels und der übrigen Quellen von der Macht der Staaten; nebst einem Auszuge eines Werkes über die Wiederherstellung der Manufakturen und des Handels in Spanien* (1756). In einer ›Beylage‹ pries Hamann den Kaufmannsstand als den neuen Adel, und indem er sich auf die französische Enzyklopädie berief, wies er dem Gelehrten neue Aufgaben zu: »Der Gelehrte ist aus den spanischen Schlössern der *intellektualischen Welt* und aus dem Schatten der Büchersäle auf den großen Schauplatz der Natur und ihrer Begebenheiten, der lebenden Kunst und ihrer Werkzeuge, der gesellschaftlichen Geschäfte und ihrer Triebfedern zurückgerufen; er ist ein aufmerksamer Zuschauer, ein Schüler, ein Vertrauter des Bauren, des Handwerkers, des Kaufmanns, und durch gemeinnützige Beobachtungen und Untersuchungen sein Gehülfe und Lehrer geworden« (N IV 232, 17-24). Im Kampf für das Wohl der Menschheit, gegen verjährte Vorurteile und Mißbräuche sieht Hamann seine Aufgabe und seine Zukunft an der Seite des Freundes, und so kann er in das Handelshaus Berens eintreten und in einem Brief behaupten: »Kaum daß ich mich zu den Wißenschaften bekannt, und ungeachtet meiner allgemeinen Neigung zu denselben, für die ich so viel Schwachheiten als ein Stutzer für das Geschlecht begangen, hat es mir öfters leyd gethan nicht ein Kaufmann geworden zu sein« (ZH I 210, 14-17).

In noch ungeklärter, wohl handelspolitischer Mission ging Hamann für die Firma nach London. Die Mission scheiterte, und die Krise, die lange geschwelt hatte, kam zum Ausbruch. Der Ausgang dieser Krise war die Bekehrung, die für sein weiteres Leben und Denken entscheidend wurde und die ihn in den schärfsten Gegensatz zu Berens und den übrigen Freunden bringen sollte.

Liest man seine *Gedanken über meinen Lebenslauf*, versteht man sehr wohl, daß die Freunde ihn für einen Pietisten halten mußten – und ihre Auffassung von ihm als einem Schwärmer konnte durch die nach göttlicher Eingebung erfolgte Werbung um Katharina Berens nur noch verstärkt werden (vgl. N II 52, 5-53, 27). Der eigentliche Inhalt dieser Bekehrung ist aber in den *Biblischen Betrachtungen eines Christen* zu finden, die seine Bibellektüre begleiten. In ihnen erkennt man, keimhaft oder schon entfaltet, wichtige Züge seines späteren Denkens. Es ist deutlich, daß es sich um die Umkehr eines Menschen handelt, der keineswegs sein früheres philosophisches Fragen fallenläßt, der keineswegs einer welt- und gedankenlosen Innerlichkeit verfällt. Es ist eher so, daß die Umkehr aus einem Prozeß des radikalen Weiterdenkens aus der Situation des konkreten Menschen hervorgeht und diesen Prozeß weitertreibt. Wie der kritische Kant stellt Hamann die Grenzen der Vernunft und die Verderbtheit der menschlichen Natur fest. Bei all ihrer Verschiedenheit sollte man nicht das Gemeinsame in ihrem Ansatz übersehen. Hamanns Wort von der »Höllenfahrt der Selbsterkänntnis« (N II 164, 18) nimmt Kant auf, und Hamann schließt, von Hume ausgehend: »Die *Vernunft* ist heilig, recht und gut; durch sie kommt aber nichts als *Erkenntnis der überaus sündigen Unwissenheit*, die, wenn sie epidemisch wird, in die Rechte der Weltweisheit tritt ... Das Amt der Philosophie ist der leibhafte *Moses*, ein *Orbil* zum Glauben« (N II 108, 19-22. 27 f.).

Mit der Aufklärung hatte Hamann den philosophischen Ansatz der Selbstbesinnung gemein, d. h. der Besinnung auf die Natur des Menschen, seine Möglichkeiten und seine Grenzen. In Ablehnung der großen spekulativen Systeme drückte Pope die Tendenz der späteren, empirisch gesinnten Aufklärung mit seinem vielzitierten »The proper study of mankind is man« aus. Hamann entdeckte für sich, daß diese Selbsterkenntnis dem einzelnen nicht möglich ist: »Gott und mein Nächster gehören also zu meiner Selbsterkenntnis, zu meiner Selbstliebe« (N I 302, 22 f.). Eine allgemeine, durch die Vernunft zu erlangende Selbsterkenntnis gibt es nicht – der einzelne gewinnt sie in der Erfahrung seines konkreten Zustandes, seiner Abhängigkeit von Gott und seinen Mitmenschen.

Er erfährt in der »Höllenfahrt der Selbsterkänntnis« das Unvermögen seiner Vernunft und die Schwäche seiner Tugend. Er erkennt seine Sünde und kann diesen seinen Zustand nicht ändern, sondern nur glauben und erfahren, daß Christus den Fluch auf sich genommen hat. Und dies erfährt er, wie alles, nicht aus sich selbst, sondern von außen: »Was für ein Magazin macht die Geschichte der Gelehrsamkeit aus! Und worauf gründet sich alle? Auf 5 Gerstenbrodte, auf 5 Sinne, die wir mit den unvernünftigen Thieren gemeinschaftlich besitzen. Nicht nur das ganze Waarhaus der Vernunft sondern selbst die Schatzkammer des Glaubens beruhen auf diesem Stock ... Der Glaube, sagt der Apostel, kommt durchs Gehör, durchs Gehör des Wortes Gottes. Rom. X. 17. Geht, und sagt Johannes wieder, was ihr *höret* und *sehet.* Matth. XI. 4« (N I 298, 13-18. 20-23). Es ist eine Erkenntnis, die seinen Abstand vom Rationalismus und seine Nähe zum Empirismus zeigt und an der er festhalten sollte. Im Jahre 1772 schrieb er: »Nichts ist also in unserm *Verstande* ohne vorher in unsern *Sinnen* gewesen zu seyn: so wie nichts an unserm ganzen Leibe ist, was nicht einst unsren eigenen Magen oder unsrer Eltern ihren durchgegangen. Die stamina und menstrua unsrer *Vernunft* sind daher im eigentlichsten Verstande *Offenbarungen* und *Überlieferungen,* die wir zu unser Eigenthum aufnehmen, in unsre Säfte und Kräfte verwandeln« (N III 39, 10-16).

Hamann geriet dadurch in einen scharfen Gegensatz zu der rationalistischen Strömung der Aufklärung. Ernst Cassirer umschreibt ihren Vernunftbegriff mit folgenden Worten: »Das achtzehnte Jahrhundert ist durchdrungen von dem Glauben an die Einheit und die Unwandelbarkeit der Vernunft. Sie ist dieselbe für alle denkenden Subjekte, für alle Nationen, alle Epochen, alle Kulturen. Aus dem Wechsel der religiösen Glaubenssätze, der sittlichen Maximen und Überzeugungen, der theoretischen Meinungen und Urteile läßt sich ein fester und bleibender Bestand herauslösen, der in sich selbst beharrt, und der in dieser Identität und Beharrlichkeit das eigentliche Wesen der Vernunft zum Ausdruck bringt« (*Die Philosophie der Aufklärung,* Tübingen 1932, S. 5).

Für Hamann war die Vernunft individuell, geschichtlich, situationsgebunden, »Traditionen der Sinne, der Väter ppp« (ZH I 356, 25 f.). Die Vernunft wird von den Leidenschaften beeinflußt und von der Sünde verfinstert. Eine allgemeine und gesunde Vernunft gibt es gar nicht: »Die Gesundheit der Vernunft ist der wohlfeilste, eigenmächtigste und unverschämteste Selbstruhm, durch den alles zum voraus gesetzt wird, was eben zu beweisen war« (N III 189, 18-20). Er wettert gegen die Anbetung der hypostasierten Vernunft: »Der Gegenstand eurer Betrachtungen und Andacht ist nicht GOtt, sondern ein blosses *Bildwort,* wie eure *allgemeine Menschenvernunft,* die ihr durch eine mehr als *poetische Licenz* zu einer wirklichen *Person* vergöttert« (N III 106, 32-36).

Fängt die Selbsterkenntnis erst in der Begegnung mit Gott und dem Nächsten an, muß die Kommunikation eine Kernfrage werden. Die Sprache wird ein wichtiges, zuletzt das wichtigste Thema in Hamanns Schriften. Sah Kant die Grenzen der Vernunft durch ihre Abhängigkeit von Anschauungsformen und Kategorien gezogen, bestimmte sie Hamann durch ihre Abhängigkeit von der Sprache, die er »das einzige erste und letzte Organon und Kriterion der

Vernunft, ohne ein ander Creditiv als *Überlieferung* und *Usum*« (N III 284, 24-26) nennt. Aber schon in den *Biblischen Betrachtungen* stehen Sätze wie: »Die Schrift kann mit uns Menschen nicht anders reden, als in Gleichnissen, weil alle unsere Erkenntnis sinnlich, figürlich und der Verstand und die Vernunft die Bilder der äußerlichen Dinge allenthalben zu Allegorien und Zeichen abstracter, geistiger und höherer Begriffe macht« (N I 157, 39-158, 3).

Den Begriff der Sprache faßt Hamann so weit, daß er an Jacobi schreiben kann: »Was in deiner Sprache das Sein ist, möchte ich lieber das Wort nennen« (Brief v. 27. April bis 3. Mai 1787. Gildemeister V 516). Schon in den Frühschriften sind Natur und Geschichte, genau wie die Bibel, Gottes Wort, die Schöpfung »eine Rede an die Kreatur durch die Kreatur«. Der Topos ›Buch der Natur‹ bekommt bei Hamann neuen Nachdruck aus seinem Bibelerlebnis: »Gott offenbaret sich – der Schöpfer der Welt ein Schriftsteller – was für ein Schicksal werden seine Bücher erfahren müssen, was für strengen Urtheilen, was für scharfsinnigen Kunstrichtern werden seine Bücher unterworfen seyn« (N I 9, 22-25). Den Schlüssel zum Verständnis der Bücher der Natur und der Geschichte findet Hamann in der Bibel, und die Kennzeichen der Gesamtoffenbarung Gottes ist die »Herunterlassung«: »Die Eingebung dieses Buchs ist eine eben so große Erniedrigung und Herunterlassung Gottes als die Schöpfung des Vaters und Menschwerdung des Sohnes ... Der Schöpfer ist geleugnet, der Erlöser gekreutzigt, und der Geist der Weisheit gelästert worden. Das Wort dieses Geistes ist ein eben so großes Werk als die Schöpfung und ein eben so groß Geheimnis als die Erlösung der Menschen ist, ja dies Wort ist der Schlüssel zu den Werken der ersteren und den Geheimnissen der letzteren« (N I 5, 2-4. 7-11).

Auf den ersten Seiten der *Biblischen Betrachtungen* wird deutlich, wie gut Hamann die Bibelkritik der Aufklärung kennt – und wie er dazu steht. Das Merkmal der Bibel ist nicht die Akkomodation, die Anpassung an die primitiven

Vorstellungen eines vorderasiatischen Hirtenvolkes, sondern die Kondeszendens: die »Herunterlassung« des Schöpfers zu der Schwachheit der Menschen. Der Kritik der Aufklärer begegnet er teils mit stilistischen, teils mit historischen Argumenten, seine eigentliche Antwort ist jedoch die typologische Exegese.

Der Unterschied zwischen allegorischer und typologischer Exegese besteht darin, daß die erstere im Text eine verhüllte überzeitliche, höhere Wahrheit sucht, während die letztere heilsgeschichtliche Bezüge aufdecken will. Während die Allegorese, die bei den Mystikern beliebt ist, leicht zur Verflüchtigung des Geschichtlichen führt, beruht die Typologese, in ihrer reinen Form, auf einer geheimnisvollen Verbindung zweier geschichtlicher Ereignisse. Sie muß also an der Geschichtlichkeit festhalten.

Beispiele der Typologese finden sich schon in der Bibel, bekanntestes Beispiel ist die Deutung Melchisedeks als *Vorbild* des vollkommenen Hohenpriesters Christus im 7. Kapitel des Hebräerbriefs. Die Geschichte der Typologie und ihre Bedeutung für einen in der griechischen und römischen Literatur unbekannten Realismus hat Erich Auerbach in vielen Studien behandelt, während Karlfried Gründer ihre Bedeutung für Hamanns Geschichtsphilosophie dargestellt hat (vgl. Literaturhinweise).

Wenn ernstgenommen, impliziert die Typologie nämlich eine bestimmte Struktur der Geschichte, deren Eigenart bei einem Vergleich mit der gewöhnlichen Geschichtsbetrachtung deutlich wird. Diese muß versuchen, die Geschichte immanent zu verstehen, ihren Gang durch die Wirkung wirtschaftlicher, politischer und ideologischer Kräfte zu erklären. Sie muß sich bemühen, einen Kausalzusammenhang festzustellen, eine Entwicklung zu finden, deren Anfang und Ende freilich zweifelhaft sind. Mutmaßungen über Anfang und Ende müssen von dem uns zugänglichen Zeitabschnitt ausgehen und mit dem Wirken der hier aufgezeigten natürlichen Kräfte rechnen.

Die Typologie dagegen setzt die Schöpfung als Anfang der Geschichte, die Inkarnation Christi als ihre Mitte und seine Wiederkunft als ihr Ende und Ziel. Erst von diesen festen Punkten aus läßt sich die heutige Zeit verstehen, läßt sie sich in ihrer Dunkelheit erhellen. Gott ist der Herr der Geschichte, er hat sie anfangen lassen, er handelt in ihr, er wird sie aufhören lassen. Im strengsten Verstand aber wird Gott geschichtlich durch die Inkarnation. Was vor und nach ihr geschieht, hat Bezug auf sie – die ganze Geschichte wird christozentrisch. Und auch die Wiederkunft muß eine große Rolle spielen, denn nach der Inkarnation muß ja das zweite Kommen folgen, nach dem Ausschau gehalten wird.

Die Geschichte ist also Heilsgeschichte, in ihr verwirklicht sich der Heilsplan Gottes. Und da die ganze Geschichte christozentrisch ist, kennt die Typologie eigentlich keine profane Geschichte. Aber nicht nur die Geschichte im engeren Sinn, sondern die gesamte Überlieferung, die nicht-christliche Philosophie, Dichtung und Mythologie werden typologisch interpretiert. In *Dies irae* tritt David mit der Sibylle auf, Vergil ist besonders beliebt wegen seiner vierten Ekloge, so beliebt wie der heilige Sokrates. Hamann schreibt in den *Biblischen Betrachtungen*: »Könnte man nicht von Socrates, wenn er sich auf seinen Schutzgeist bezog, eben das sagen, was von Petrus steht: er wuste nicht was er sagte; oder von Caiphas, der prophezeyte und göttliche Wahrheiten verkündigte, ohne daß er, noch seine Zuhörer, das Geringste von dem wahrnahmen, was Gottes Geist durch ihn redte« (N I 304, 6-10). Anderswo heißt es: »Paulus thut einem Dichter die Ehre an, ihn einen Propheten seines Volks zu nennen. Die wahre Poesie ist eine natürliche Art der Prophezeyung« (N I 241, 28-30).

Hamann ersetzt aber nicht das Schema einer Progression oder eines zyklischen Verlaufs der Geschichte durch ein anderes System, das mit den aufklärerischen Systemen in Konkurrenz treten kann. Es sieht in den *Biblischen Betrachtungen* manchmal danach aus, aber in der Praxis entgeht Hamann meistens dieser Gefahr, indem er die Geschichte als Rede oder vielmehr als Anrede versteht. Er liest sie darauf hin, ob sie ihm etwas sagt, und ist sich der Situationsgebundenheit seines Verständnisses bewußt. Er aktualisiert, gewiß völlig ahistorisch, bezieht Sodom und Gomorrha auf Sanssouci und Babel auf Berlin, aber nicht spekulativ; vielmehr macht er aus der spekulativen Typologese eine kerygmatische, eine verkündende.

Die Typologese schließt keineswegs ein echtes Bemühen um ein geschichtliches Verständnis der Bibel aus – auch Hamann wollte Form und Gehalt der biblischen Schriften aus ihrer Genese verstehen. Aber dies kann nicht die Hauptsache sein. Wenn die Geschichte eine Rede durch Begebenheiten, ein Drama ist, muß man bei der Auslegung dieses Sinngefüges auf Zweck und Ziel sehen: »Kann man aber das Vergangene kennen, wenn man das Gegenwärtige nicht einmal versteht? – – Und wer will vom Gegenwärtigen richtige Begriffe nehmen, ohne das Zukünftige zu wissen? Das Zukünftige bestimmt das Gegenwärtige, und dieses das Vergangene, wie die Absicht Beschaffenheit und den Gebrauch der Mittel« (N II 175, 33-37). Das Ende, die Wiederkunft, ist aber noch nicht da, und so gilt für Hamanns Verhältnis zur Geschichte, was Erich Auerbach so umschreibt: »In der typologischen Deutung, auch da, wo sie in ihren ganz reinen Formen die sinnliche Wirklichkeit des Geschehens aufs äußerste betont, bleibt dies Geschehen doch immer Gleichnis, verhüllt und deutungsbedürftig, wenn auch die allgemeine Richtung der Deutung gegeben ist. Die vollzogene Tatsache gelangt nicht zu praktischer Endgültigkeit; das jeweilige Weltgeschehen bleibt offen und vorläufig« (*Typologische Motive in der mittelalterlichen Literatur*, Krefeld 1953, S. 14 f.).

So kann Hamann die biblische und ›profane‹ Geschichte fragen, wie Peter der Große in den *Sokratischen Denkwürdigkeiten* die Statue Richelieus fragt. In dem *Kleeblatt Hellenistischer Briefe*, 2. ist seine Position vielleicht noch deutlicher: »Ich möchte eher die Anatomie für einen Schlüssel zum Γνωθι σεαυτον ansehen, als in unsern historischen Skeletten die Kunst zu leben und zu regieren suchen, wie man mir in meiner Jugend erzählen wollen. Das Feld der Geschichte ist mir daher immer wie jenes weite Feld vorgekommen, das voller Beine lag, – – und siehe! sie waren sehr verdorret. Niemand als ein Prophet kann von diesen Beinen weissagen, daß Adern und Fleisch darauf wachsen und Haut sie überziehe. – – Noch ist kein Odem in ihnen – – bis der Prophet zum Winde weissagt, und des HErrn Wort zum Winde spricht« (N II 176, 8-16).

Hamanns neue Erkenntnisse bedeuteten, daß er den Glauben an den Fortschritt der Menschheit, den Vernunfts- und Tugendoptimismus verloren hatte, daß er die Synthese von pietistischem Vollkommenheitsstreben und rationalistischem Glauben an die Perfektibilität des vernünftigen Menschen aufgegeben hatte und, ohne sich um lutherische Orthodoxie zu kümmern, in seiner Überzeugung von dem Unvermögen der Vernunft und des guten Willens an Luther und Augustin anknüpfte. Dabei war es, wie schon angedeutet, eine durch seine Kenntnis der empirischen Philosophie gefärbte Anknüpfung, keine Flucht zurück ins Überholte, weil er mit seinen aufklärerischen Idealen Schiffbruch erlitten hatte, als er sich bewähren sollte. So deutete Berens seine neue Haltung: »Um nicht Hunger zu sterben, hatten Sie die Bibel nöthig, um sich zu überwinden herzukommen« (ZH I 304, 37-305, 1). Die Freunde hörten in seinen Worten nur eine Wiederholung des Altbekannten. Es lag ihm aber daran, sie zu der gleichen persönlichen Erfahrung der Wirklichkeit und Wahrheit zu führen, nicht daran, ihnen seine eigenen Auslegungen, Deutungen und Meinungen zu vermitteln, die ihm subjektiv bestimmt, höchstens »vehicula der Wahrheit« waren. Sicher waren nur Unwissenheit und Sünde auf seiten des Menschen – Offenbarung und Gnade auf seiten Gottes.

In dieser Zeit können wir in den Briefen beobachten, wie sich Hamanns Stil grundlegend ändert. Schon in den *Bibli-*

*schen Betrachtungen* entwickelt sich zwar eine eigentümliche, bildhafte Sprache unter dem Einfluß der Bibellektüre. Aber kein Hamann-Leser kann übersehen, daß es nicht nur die Heilige Schrift ist, die seinen Stil bestimmt. Die Esoterik ist von seiner besonderen Situation bestimmt, obschon sie eine Tradition hat, die Hamann in dieser Periode entdeckt und der er sich anschließt. Er berichtet ausführlich darüber an Johann Gotthelf Lindner, den Rektor der Rigaer Domschule, in einem Brief vom 1. Juli 1759 (ZH I 333-338). Es geht dabei um eine Augustinus-Stelle über den Stil der Bibel, besonders den des 1. Buches Mose.

Augustinus wünscht, in Hamanns Worten und Auslegung: »Ich will lieber gar *nicht* als *unrecht* verstanden werden.« Er wünscht sich einen solchen Stil, daß derjenige, welcher »einen Begrif von der Schöpfungskraft Gottes« hat, gleichgültig wie seine Meinungen oder seine Philosophie beschaffen sind, »in den kurzen Worten des begeisterten Geschichtschreibers Spuren einer mögl. Erklärung nach seinen Schooßlehren darinn fände«, weil die Wahrheit »einem Saamenkorn gleich« ist, »dem der Mensch einen Leib giebt wie er will; und *dieser Leib der Wahrheit* bekommt wiederum durch den *Ausdruck* ein *Kleid* nach eines jeden Geschmack, oder nach den Gesetzen der Mode«. Und schließlich meint Hamann der Stelle entnehmen zu können, daß »ein Autor der in einer Sprache schreibt, die nicht mehr geredt wird, weil sie *tod* ist«, »seinen Zeitverwandten als Verfälschern nicht trauen« wird, »den genium seiner Muttersprache oder der lebenden, die er gelernt hätte, verleugnen, und nichts als seine Bekanntschaft mit den Alten, seine *Urtheil* und sein *Glück* ihre *Formeln anzubringen* und *zusammenzuleimen* den Kennern zeigen können« (ZH I 335 f.).

Tastend ausgedrückt finden wir in diesen Worten die Wurzeln des Hamannschen Stils. Die tote Sprache ist das Wort Gottes, die Bibel, deren Formeln Hamann in seinem Centostil »zusammenleimt«. Der von Augustinus geforderten Möglichkeit einer mannigfachen Interpretation entspricht seine Überzeugung von dem Unterschied zwischen der Wahrheit und der menschlichen Auslegung derselben. In dem Brief an Lindner heißt es: »Und wenn ich noch so ordentlich, noch so gründlich und bündig denken könnte und meine Gedanken aufsetzen: so wird mir Gott Gnade geben mich deßen so viel möglich zu entäußern – Soll nun meine Vernunft das Licht seyn, darnach sie sich richten sollen. Das wäre gefährlicher als da sie jetzt ihre eigene zur Richtschnur und Bleygewicht Göttlicher Wege machen« (ZH I 344, 5-9). Und von der Notwendigkeit der Esoterik hatten ihn die Erfahrungen mit den Freunden überzeugt, die die direkte Aussage verwarfen.

Damit ist aber auch deutlich geworden, daß die dunkle Kürze Ergebnis eines bewußten Stilwillens ist, nicht unmittelbarer Ausdruck eines übermächtigen Erlebnisses; sie ist nicht aus maßloser Ichbezogenheit und Subjektivität zu erklären, wie man gemeint hat, sondern sie ist das Ergebnis strategischer Überlegungen. Sie ist Selbstbescheidung im Hinweisen auf das Heilige, sie ist dessen Verhüllung und Schutz, aber auch ein Lockmittel.

Unter dem Einfluß des Hamann-Bildes, das sich der Sturm und Drang machte, hat man dies oft übersehen und sich dadurch den Weg zu einem Verständnis dieses Stils verbaut, obwohl Hamann selbst den sich emotional, unmittelbar und visionär gebenden Stil Herders, seine »pindarische Miethsleyer« (N III 45, 40-46, 1) ebenso ironisch behandelte wie »die flüßige Prose der Coffeekreyse und Spieltische« (N II 94, 21 f.), den mittleren Stil der Aufklärung.

Hamann schrieb vor der Zeit des antirhetorischen Affekts. Seine Schriften verraten Kenntnis der rhetorischen Terminologie, er hatte die antiken Rhetoriker studiert. Schlägt man Heinrich Lausbergs *Handbuch der literarischen Rhetorik* (München 1960) oder seine *Elemente der literarischen Rhetorik* (München ²1963) auf, findet man mehr Hilfsmittel zu einem tieferen Eindringen in Hamanns Stil als in dem beliebten Rekurs auf Mystik, Verworrenheit oder Ausdrucksnot. Die (wie wir oben sahen) strategisch bestimmte Dunkelheit ist, wenn man sie analysiert, ein traditionelles Mittel des ›acutum dicendi genus‹; dieses »bedient sich intellektuell verfremdender, also paradoxer Mittel in Gedanken (›Gedanken-Pointen‹) und Sprache (›Wort-Pointen‹). Der Hörer wird zur eigenen Gedankenarbeit provoziert: er soll die Brücke zwischen dem Paradox und der gemeinten Bedeutung schlagen.« Er wird »›Gedanken-Komplize‹ des Autors« (Lausberg, *Elemente* § 166, 6).

Hamanns Genus sublime gehört zu der Variante ›vehemens‹ oder, wie Hamann selber sagt »stylus atrox« (N IV 421, 54); es ist »gehemmt-heftig«, »bevorzugt hämmernde Kommata (abruptum sermonis genus) und paradoxe Figuren wie Zeugma und Chiasmus« (Lausberg, *Elemente* § 468, 2). Andere Kennzeichen dieses Stils sind nach Lausberg »kynischer Humor, Metaphern, lakonische brevitas, emphatische obscuritas« (*Handbuch* § 1079, 3), Stilzüge, die dem Hamann-Leser sehr bekannt sind.

Mit einer solchen Klassifizierung ist Hamanns Stil nicht gedeutet – z. B. ist das Paradox keineswegs nur Stilmittel und nicht aufzulösen. Die Rhetorik bietet, wie Lausberg hervorhebt, weder »Wesens-Erkenntnis« noch »funktionale Deutung« (*Elemente* S. 13). Aber sie macht eine solche Deutung möglich, läßt die Eigenart der Stilkunst Hamanns genauer erkennen.

Sie läßt den Zusammenstoß von Genus humile und Genus sublime als Wesensmerkmal erkennen, und somit steht Hamann in einer biblisch inspirierten Tradition, deren Entstehen und Geschichte Erich Auerbach in mehreren Schriften verfolgt hat (vgl. seine *Mimesis* und *Sacrae Scripturae sermo humilis*, Neuphilologische Mitteilungen, Helsinki 1941). Dieser Stil ist Ausdruck der Erfahrung von der Kreatürlichkeit und der Hoheit des Menschen, von seiner Leiblichkeit und seiner christlich verstandenen Göttlichkeit (vgl. *Aesthetica in nuce*). Solche ›coincidentia oppositorum‹ spitzt Hamann mit verwegenen biblischen Zitaten und mit Zynismen und

Zoten zu, die sich gegen die Tugendschwärmerei der Zeit wenden, denn: »Mir würde vor den Hefen der dramatischen Dichtkunst eben so wenig eckeln als dem Virgil vor den Gedärmen des Ennius – Wenn Diderot das Burleske und Wunderbare als Schlacken verwirft: so verlieren göttliche und menschliche Dinge ihren wesentlichsten Character. Brüste und Lenden der Dichtkunst verdorren ... das Burleske verhält sich zum Wunderbaren, das Gemeine zum Heiligen, wie oben und unten, hinten und vorn, die hole zur gewölbten Hand« (N II 367, 15-19. 25-27).

Was die vielerörterte Bildhaftigkeit von Hamanns Stil betrifft, so ist es deutlich, daß er selten bildschöpferisch ist, sondern überlieferte Bilder, Symbole und Metaphern virtuos handhabt. Erste und wichtigste Copia figurarum ist die Bibel. Er evoziert mit einem kurzen Hinweis, der eine gute Bibelkenntnis des Lesers voraussetzt, die sinnliche und anschauliche Fülle des Bibeltextes, borgt sie für seinen Text und bringt sie oft durch die Einbeziehung in einen fremden Kontext schockartig dem Leser zu Bewußtsein. Aber gleichzeitig ist öfters das Wissen um eine traditionelle Auslegung der betreffenden Stellen notwendige Voraussetzung für das Verständnis. Er entfaltet die Bilder nicht, wie Klopstock es tut, sondern reiht sie hart und unvermittelt aneinander und zwingt den Leser, sich um eine Deutung des Zusammenhanges selber zu bemühen. Sein Bildgebrauch – wie sein Centostil überhaupt – setzt also eine genaue Kenntnis der Bibel und der kanonischen antiken Autoren voraus – er ist gelehrt, intellektuell.

*Sokratische Denkwürdigkeiten*

Sokrates war eine Lieblingsgestalt der Aufklärung, die in ihm den Vater aller nützlichen Philosophie, den Kämpfer gegen sophistische Wortklaubereien, den braven Bürger und das Opfer der Intrigen gewissenloser Priester verehrte. So zeichneten ihn, mit verschiedenen Schattierungen, Hamanns Quellen: John Gilbert Cooper, *The Life of Socrates* (1749),

*Das Leben Socratis* ... nebst Xenophons ... *Beschreibung der Merckwürdigen Dinge des Socrates* ... *Aus dem Frantzösischen des Herrn Charpentier* ... *übersetzt von Christian Thomas* (Halle $^{2}$1720) und Christoph August Heumann, *Acta Philosophorum* (Halle 1715–23). Hamann kannte, nach eigener Aussage, weder Xenophon noch Platon, als er die *Denkwürdigkeiten* schrieb. Es ging ihm also keineswegs um ein historisch fundiertes Sokrates-Bild, er war, wie er in der ›Einleitung‹ schreibt, kein Blackwell, der Homer aus den Voraussetzungen seiner Zeit, seines Landes und seiner Kultur verstehen und beschreiben wollte (vgl. S. 27, 17–19). Der Anlaß war ein anderer: »Ich fand hier von ungefehr eine Übersetzung eines platonischen Gesprächs zwischen Sokrates und Alcibiades über die Menschliche Natur; das ich ihm [d. h. Berens] zu lesen gebracht, weil die jetzigen Conjuncturen darinn sehr genau mitgenommen sind. Socrates wird ihm als einen abscheulichen Sophisten vorkommen, der die Wahrheit zum Quodlibet macht, und sie alle augenblick zu einer Autocheirie verführt, so wie Alcibiades die Rolle eines Ideoten spielt« (ZH I 353, 9-15). Es handelt sich um den pseudoplatonischen *Zweiten Alkibiades* (vgl. Unger, *Hamann und die Aufklärung* S. 282; *Sokratische Denkwürdigkeiten.* Erklärt von Fritz Blanke, S. 43). Eine Vorübung stellt der Brief an Kant vom 27. Juli 1759 (ZH I 373-381) dar, worin Kant Sokrates, Berens Alkibiades und Hamann der Genius des Sokrates sind.

Die »jetzigen Conjuncturen« sind das Entscheidende. Hamann las die Geschichte typologisch, auf seine Situation hin. Die Darstellung und Rechtfertigung seines Verfahrens gibt er in der ›Einleitung‹, in der uns Hauptthemen der *Biblischen Betrachtungen* wieder begegnen: Die gesamte Überlieferung, die heidnischen Philosophen auch, sind »Boten und Dollmetscher« Gottes. Die Geschichte und die Natur sind eine Rede Gottes, deren Sinn man nicht durch eine Zergliederung »bis auf ihre ersten Elemente« verstehen kann, so wenig wie die Auflösung eines Wortes in Buchstaben ein tieferes Eindringen in seinen Sinn ermöglicht. So wie sie überliefert ist, ist die Geschichte eine Rede, weshalb Hamann die Frage nach Lücken mit einem Hinweis auf die Vorsehung, die sich auf Sperlinge und Papier erstreckt, kurz abtun kann. Aber den Sinn der Geschichte erfährt nur der leidenschaftlich Fragende, Peter der Große, dem es an einer Antwort liegt. Für ihn wird der »stumme Stein« lebendig. Wie die Mythen nach Ansicht der Zeit einen tieferen allegorischen Sinn haben, birgt auch die Geschichte einen solchen. Sie ist aber »ein versiegelt Buch, ein verdecktes Zeugnis«, wozu – können wir ergänzen – die Bibel den Schlüssel liefert.

In den drei Abschnitten zeigt Hamann dann, wie ein solches Lesen die Geschichte lebendig macht. Da die Freunde das Wort der Bibel nicht hören wollen, versucht er sie mit einem Zeugnis von der außerbiblischen Offenbarung des biblischen Gottes zu erreichen. Wollen die heutigen Heiden die Botschaft Christi nicht hören, so hören sie vielleicht auf die Worte seines Vorläufers, seines *Vor*bildes.

Der Mäeutiker Sokrates bezeugt, daß jedes Denken personal, daß die Vernunft individuell ist, wie der Bildhauer bezeugt, daß sie von Trägheit und Stolz beeinflußt ist. Wo bleibt denn die allgemeine und gesunde Vernunft, auf die sich die Rationalisten immer berufen? Der ehrliche Sokrates bezeugt, daß er kein gutes Herz hat, daß er unter sinnlichen Anfechtungen leidet – »Wie abscheulich würde der Mensch seyn vielleicht, wenn ihn der Leib nicht in Schranken hielte!« (N I 309, 12 f.). Und der unwissende Sokrates, der gleichwohl vom Orakel für den weisesten Menschen erklärt wurde, zeigt, daß der Widerspruch, den die Logiker verdammen, daß die ›coincidentia oppositorum‹, wie sie Hamann versteht, eine Grundgegebenheit des Seins ist.

Der zweite Abschnitt ist einer Analyse der Unwissenheit gewidmet, die streckenweise etwas wortreich ausfällt. Hauptthemen sind, daß Selbsterkenntnis Erkenntnis der eigenen Unwissenheit ist und daß diese Erkenntnis keine allgemeine und theoretische, sondern eine persönliche Erkenntnis ist. Theoretisch können viele von den Grenzen der menschlichen Vernunft reden, aber Hamann hebt mit den Begriffen ›Empfindung‹ und ›Glaube‹, die fast Synonyma sind, die radikale, unmittelbare und unabgeleitete Erfahrung des einzelnen hervor. Diese echt sokratische Erkenntnis der Unwissenheit bildet eine Stufe auf dem Weg zum christlichen Glauben, und ihre Wahrheit wird vom Heidenapostel Paulus bestätigt. Sie ist schon Folge der Gnade Gottes, wie Sokrates' Daimon schon die Stimme Gottes ist. Die christliche Erfahrung ›simul iustus et peccator‹ ist mit Sokrates' Unwissenheit und der Weisheit seines Daimons präfiguriert und hat ihr Gegenstück in der Unwissenheit und dem Genie des natürlichen Propheten, des Dichters. In den *Biblischen Betrachtungen* heißt es: »In den Geschichten, Gesetzen und Gebräuchen aller Völker finden wir, daß ich so sage, den sensum communem der Religion. Alles lebt und ist voll von Winken auf unsern Beruf und auf den Gott der Gnade. Wir haben ein groß Vorurtheil in Ansehung der Einschränkung, die wir von Gottes Wirkung und Einfluß bloß auf das jüdische Volk machen. Er hat uns bloß an dem Exempel desselben die Verborgenheit, die Methode und die Gesetze seiner Weisheit und Liebe erklären wollen, sinnlich machen, und uns die Anwendung davon auf unser eigen Leben und auf andere Gegenstände, Völker und Begebenheiten überlassen« (N I 303, 8-18). Die Anwendung auf Sokrates und auf sein eigenes Leben macht Hamann hier, denn Sokrates zählt er unter die Propheten.

Der dritte Abschnitt bringt aber die eigentliche Anwendung auf Hamanns Situation, und er wimmelt nach meiner Ansicht von teilweise unauflösbaren Anspielungen auf seine Kontroverse mit Berens und Kant: Von Sokrates' Unbrauchbarkeit, wenn er ein öffentliches Amt bestreiten soll, über die »unvermögenden Großviziere« bis zu dem »giftigen Einfall«. Eins ist aber klar: Mit diesem Abschnitt setzt Hamann sich selbst in Beziehung zu dem Märtyrer Sokrates. Sokrates und die Sophisten sind ein *Vor*bild von Christus und den Pharisäern, Hamann und Berens-Kant wiederholen diese ›typische‹ Situation.

In der »Schlußrede« kann Hamann die Folgerungen ziehen und eine Prognose stellen: Sokrates' Tod prophezeit den noch grausameren Tod Christi, das Leben der Apostel das Leben Hamanns, der weder übersetzen noch in den Armenschulen, wie Lindner vorgeschlagen hatte, unterrichten wollte, sondern, von den Brosamen und Almosen am Tisch seines Vaters zehrend, für das Schwert des Wortes eine bürgerliche Karriere opferte.

Der Abstand zwischen den *Biblischen Betrachtungen* und den *Sokratischen Denkwürdigkeiten* ist, wie hier gezeigt, nicht groß, wenn man auf den Gehalt sieht. Aber Hamann hatte die indirekte, die ironisch verschlüsselte Form gelernt. Sie rief die anerkennende Kritik der *Literaturbriefe* hervor: »Die Schreibart hat viel Ähnlichkeit mit der *Winckelmannschen*. Derselbe körnigte aber etwas dunkele Styl, derselbe feine und edle Spott« (VI. Teil, 113. Brief). Analogie und Ironie sind, wie er behauptet, Seele und Leib seiner Darstellung, und vielleicht sind das Titelblatt und die Vorreden das künstlerisch Gelungenste.

Auf dem Titelblatt bekommt die »lange Weile« einen doppelten Sinn, der zwar nur den »Zween« wirklich einleuchten konnte, jedoch auf einen durchgehenden Stilzug vorbereitet. In der ersten Vorrede wird dem Publikum als einem Kollektiv jede Wirklichkeit abgesprochen; es wird als ein Götze apostrophiert, dessen Wirklichkeit durch die Gauklereien seiner Priester, der Kritiker, vorgetäuscht wird. Dies Publikum ist das »Man« (vgl. Metzke S. 156), dessen Einfluß Berens und Kant unterliegen, ein unwirkliches, mächtiges Etwas wie die allgemeine und gesunde Vernunft, auf die sich die Freunde berufen. Als ein Prophet des wahren Gottes will Hamann das Götzenbild zerstören oder jedenfalls ihm die beiden Anbeter abtrünnig machen. Was er verspricht, ist nicht die traditionelle überzuckerte Pille – Belehrung unter der Hülle des Vergnügens –, sondern sind äußerst unschmackhafte Pillen, die geschluckt werden müssen, tödlich für den Götzen, purgierend für seine Anbeter. Ironisch kehrt Hamann also die traditionellen Formeln der Vorrede um – es dreht sich um eine Captatio malevolentiae.

Während er in der ersten Vorrede dem Publikum sein Publikum, Niemand – vielleicht zwei, vorstellt, wendet er sich in der zweiten diesen beiden und dem Werk zu, auf dessen Geringfügigkeit und Dunkelheit er sie vorbereiten will. Während der Autor sonst um gerechte und unparteiische Beurteilung seiner Arbeit bittet, gibt Hamann zu verstehen, daß er eine solche weder wünscht noch erwartet; ihm wird »Ihr partheyisch Lob und Ihr partheyischer Tadel gleich angenehm seyn«, denn die Schrift ist eine Herausforderung, die als eine solche gelesen und verstanden werden will. Er schreibt einen polemischen Essay.

*Aesthetica in nuce*

Auch stilistisch bezeichnet dieses Werk den Höhepunkt der ersten Schaffensperiode Hamanns. Die Komposition als Ganzes wird zwar durch die »episodische Abschweifung über Reim und Rhythmus« (Unger, *Hamann und die Aufklärung* S. 261) stark beeinträchtigt, und sie kann kaum, wie Marie-Theres Küsters meint, als »eine weitere Verhüllung der Absicht der Schrift« (S. 58) angesehen werden. Zwischen dem Cento, der das Jüngste Gericht verkündet, und der ›Apostille‹ fällt sie dürftig und schlecht integriert aus. Sonst ist aber die Sprache prismatischer, pathetischer und ironischer als je zuvor, die Komposition straffer, die Themen, die uns in den *Biblischen Betrachtungen* schon begegneten, energischer aufeinander und auf eine gemeinsame Grundposition bezogen[1]. Gleichzeitig ist die Schrift aber auch hermetischer

1. Eine stilistische Analyse des mit Recht oft zitierten Anfanges der *Aesthetica* geben Wilhelm Schneider, *Ausdruckswerte der deutschen Sprache*, Leipzig 1931, S. 76-83; Eric Blackall und Sven-Aage Jørgensen, s. Literaturhinweise.

als die *Sokratischen Denkwürdigkeiten*, was die weit auseinandergehenden Deutungen bei Unger, Küsters und Gutfleisch zeigen. Die folgenden, auch streckenweise unvermeidlich paraphrasierenden Bemerkungen sollen den Zusammenhang der Schrift, wie ich ich ihn sehe, skizzieren. Eine ins einzelne gehende Erläuterung, für die der Kommentar Material bringt, ist nicht angestrebt.

Auch diese Schrift ist eine Streitschrift, wie die Zitate am Anfang zeigen, auch in dieser Schrift wendet sich Hamann gegen das Publikum, das er mit dem »Odi profanum vulgus« abweist. Hauptgegner ist Michaelis (vgl. Komm. zu S. 81, 12), Gegenstand des »philologischen Wortwechsels« ist die »heilige Litteratur«, wobei Hamann sowohl und in erster Linie an die Bibel denkt, als auch, wie die Polemik gegen Mendelssohn und Lessing zeigt, an die ganze Literatur, die eben auch, wie wir wissen, »heilig« ist.

›Aesthetica‹ bedeutet in Baumgartens Sprache (vgl. Komm. zu S. 77, 1) sowohl Ästhetik als auch die Wissenschaft von der niedrigeren sinnlichen Erkenntnis – niedrig im Verhältnis zu der höheren deutlichen Vernunfterkenntnis. In dem Doppelsinn des Wortes liegt Hamanns Ausgangspunkt, wie die erste Seite zeigt; alles hat der Mensch durch die Sinne empfangen, und die Poesie ist die sinnliche, anschauliche Sprache, die diesem Menschen (= »Sinne und Leidenschaften«) gemäß ist und die von der gleichnishaften, sinnlichen Anrede Gottes hervorgerufen wird. Der Mensch ist die Krone der *sinnlichen* Offenbarung Gottes.

Für Hamann stehen aber Schöpfung *und* Sündenfall am Anfang als Grundgegebenheiten. Und so folgt auf die Schilderung der Schöpfung die Schilderung des Sündenfalls, der die Rede der Natur durcheinandergebracht hat. Der Dichter, der natürliche Prophet, kann aber die künftige Wiederherstellung der Harmonie ahnend gestalten, die »Turbatverse in Geschick« bringen. Seine Sprache ist die eigentliche, die »kyriologische«, denn ihre Zeichen haben den unverkürzten, sinnlichen und gleichnishaften Charakter der göttlichen Offenbarung, von der sich die philosophische Sprache, die die Zeit für die exakteste hielt, am weitesten entfernt. Statt der Wirklichkeit näher zu kommen, entfernt sie sich von ihr.

Moses, der nach Ansicht der rationalistischen Bibelkritik »für den Pöbel allein geschrieben« und sich weder »nach aristotelischen, cartesischen oder newtonischen Begriffen« (N I 12) erklärt hat, sondern poetisch schrieb, gibt jedoch in seiner Darstellung der Schöpfung tiefere Wahrheiten als die sich ablösenden philosophischen Theorien. In seinen Worten findet Hamann eine gedrängte Anthropologie: Den Menschen schuf Gott als »ein Bild, das uns gleich sey« – »aus einem Erdenkloß«, und ein System der Wissenschaften: in Adams Geschichte, die Sündenfall und Verheißung umfaßt, liegt die ganze Geschichte der Menschheit verborgen, und in ihr hat auch jede Philosophie ihren Ursprung, denn in der Geschichte zeigt sich die ›Ökonomie‹, die Haushaltung Gottes (vgl. zum Begriff der Ökonomie Karlfried Gründer, *Figur und Geschichte* S. 89, s. Literaturhinweise). Die Philosophie darf nämlich, nach Hamann, nicht von einer ewigen, unveränderlichen Natur ausgehen; die Natur ist geschichtlich, dem Sündenfall des Menschen unterworfen, obwohl sie Gottes Natur bleibt, in der er handelt. Ihre Ordnung ist nicht immanent, sondern liegt in Gottes Heilswillen begründet, den er in dem Bund mit dem Menschen kundgibt (vgl. Hamanns Auslegung des Sintflutberichtes, N I 26, 20, wo Hamann über physisch-kausale Erklärungen der Überschwemmung spottet).

Vom schlafenden Adam wendet sich Hamann zu den »Virtuosen« dieser Zeit, auf die Gott auch einen Schlaf hat fallen lassen. Aber dieser Äon ist ein Geliebter der Mondgöttin, seine »schönen Geister von der Geistlichkeit des Mondlichts begeistert« (N II 164, 13) träumen in ihrer Überzeugung von der moralischen und intellektuellen Perfektibilität des Menschen von einer Vollkommenheit, die den Sündenfall überspringt. Die Stelle ist kaum, wie meistens angenommen wird, positiv zu deuten. Wenn dies der Fall wäre, müßte Hamann den »nächsten Äon« apokalyptisch verstehen (vgl. Offb. 20. 21) und nicht – wie Young – als eine Stufe der moralischen Progression.

Seinen Gegensatz zu den schönen Geistern markiert Hamann durch eine Polemik gegen Mendelssohn und Lessing als die zwei hervorragendsten Vertreter der zeitgenössischen Ästhetik, die eine Verschönerung der Natur will, die einer Beschneidung oder eher Kastration gleichkommt. Mit Michaelis sind sie die Hauptgegner.

Der Angriff auf Michaelis bezieht sich in erster Linie auf seine exegetischen Grundsätze, und Hamann läßt seinen Eutyphron Bacon (vgl. S. 81, 21-34 u. 83, 32 f.) für sich reden in der langen Note 21, während er selber Benson angreift. Er kann die weltlichen und geistlichen Exegeten auf einmal angreifen, weil beide Gruppen den tieferen Sinn der Rede Gottes ausschließen wollen, an dem Buchstaben haftenbleiben. Wieder taucht die Buchmetapher auf, wieder der Gedanke von der Kondeszendenz Gottes, wieder der Gedanke von der Mythologie, von dem gleichnishaft verborgenen Sinn der gesamten Überlieferung, und mit dem Bacon-Zitat deutet Hamann auf die Idee einer Uroffenbarung, die in der Renaissance weit verbreitet war und für Bacon eine große Rolle spielte. Sie sollte in den Mythen verschiedener Völker weiterleben und so auch in der griechischen Mythologie. Man stellte sich eine Verbindung der Griechen mit den Ägyptern vor, die ihrerseits von Moses oder gar von Abraham her tiefe Wahrheiten in ihre Mythen aufgenommen hatten (vgl. meinen Aufsatz *Hamann, Bacon, and Tradition*, s. Literaturhinweise).

Hamann kettet diese Gedanken mit einer ironischen Berufung auf die Worte des Hohenpriesters Voltaire zusammen. Wenn sich die Theologie, die biblische Exegese, auf den Buchstaben der Schrift beschränkt und sie nicht als Schlüssel zu der gesamten Offenbarung in Natur und Geschichte auslegt, bleibt die Religion hinter der heidnischen Mythologie als Inspiration für den Dichter, den natürlichen Propheten, zurück. Die Modernen werden also nicht, wie Perrault und Young meinen, die Alten übertreffen (vgl. Komm. zu S. 111, 2-4), obwohl Perrault in seiner Eitelkeit meint, daß sie es schon getan haben, und Young es als eine Forderung an dieses christliche und tugendhafte Zeitalter stellt. Und ohne die Inspiration des ›vates‹ bleibt die Geschichte tot, denn es »gehört beynahe eben die Sagacität und vis diuinandi dazu, das Vergangene als die Zukunft zu lesen« (N II 175, 29 f.), und ohne die Geschichte wird die Philosophie eine leere Systematik, die der Philosoph aus sich selber herausspinnt.

Die Poesie ist, auch nach Hamann[2], Mimesis, Nachahmung der Natur, aber die moderne Philosophie hat, wie die Dichter merken, die Natur durch ihre mathematischen und ästhetischen Formeln verstümmelt oder gar aus dem Wege geräumt. Dieses Thema umkreist Hamann auf den folgenden Seiten.

Dem Tag der ersten sündenfreien und paradiesischen Zeit folgte eine Nacht, in der tausend kleine Sterne als Offenbarungen und Winke Gottes in Geschichte, Natur, Dichtung und Mythologie schienen; weil Gott die Welt liebte, kam das Licht in die Welt (vgl. Joh. 3, 16. 19 f.), dasjenige Licht, der menschgewordene Gott, der die Erstgeburt der Schöpfung, ihr Anfang und Ende ist, Christus.

Dieses Licht verleugnet die moderne Philosophie – und damit den Sinn der ganzen Natur. Ihr Verhältnis zu der Natur, im Sinne der äußeren Natur und der menschlichen, ist dadurch zerstört. Sie mißbraucht sie oder vergottet sie, während der in Gottes Bild geschaffene und durch die Inkarnation der göttlichen Natur teilhaftig gewordene Mensch die Natur, die sinnliche und volle Natur, verwalten sollte – als Krone der sinnlichen Offenbarung Gottes.

2. Über Hamanns Stellung zur Mimesislehre vgl. die Einleitung zu meinem Kommentar der *Fünf Hirtenbriefe das Schuldrama betreffend* (s. Literaturhinweise).

Die Doppelheit kommt im folgenden klar zum Ausdruck. Erst zeigt Hamann, wie die Natur in der Philosophie ihren Offenbarungscharakter als Rede Gottes einbüßt – den Epikureern ist sie ein Produkt des blinden Zufalls, den Stoikern eine Folge eiserner Kausalität, danach, wie die Natur des Menschen pervertiert und geschwächt wird. Daher die fehlende Originalität, die fehlende Leidenschaft der Dichtung.

Statt Originalität hat man – d. h. wohl hier in erster Linie Winckelmann – die Nachahmung der Alten gepriesen (vgl. N II 177, 7-27). Das echte Altertum ist aber dasjenige, dessen Quellen in der Bibel fließen. Von einem echten Verhältnis zur Tradition ist bei dem empfohlenen Studium des Altertums nicht die Rede, die Zeit vertieft sich nur in ihr eigenes Spiegelbild, liebt auf unnatürliche Weise sich selbst – und wird daran sterben. Das gilt für die Griechen der Zeit, aber auch für die Christen, deren Selbstverständnis seinen Ursprung in einer geschichtlich offenbarten Wahrheit hat oder haben sollte.

Natur und Schrift sind jedoch, wiederholt Hamann, die »Materialien des schönen, schaffenden, nachahmenden Geistes«; wenn Bacon die formlose Materie mit Penelope vergleicht, ist die Natur, die die Philosophen und Schriftklugen mit ihr zeugen, unecht; die echte Natur ist, wie die Bibel und die griechische Mythologie sagen, das Kind der formlosen Materie und des Wortes Gottes, Christus, der in Knechtsgestalt kam und von den Pharisäern und Philosophen verfolgt wurde – und wird.

Die Sprache der Natur ist also ›ausgestorben‹, und obwohl Hamann den Weg zu ihrer Aufweckung zeigen könnte, den die Magi gingen, d. h. über die universale Offenbarung, würde diese Reise den heutigen Philosophen zu schwer fallen. Den Richtweg zeigt er über die Höhe eines biblischen Centos, der auch stilistisch eine Hyperbel ist – denn die Epiphanie hat ja stattgefunden.

Indem ein prophetisch-strafender Ton zu dem ironisch-pathetischen hinzukommt, beschwört Hamann in dem Gebet eine Wiederholung der Reise der Magi – zu den Philosophen und Schriftklugen: die Weisen unter den jetzigen Morgenländern sollen durch neue Sterne – oder Irrlichter – zu einer Wallfahrt nach Europa gelockt werden, um Christus zu finden und anzubeten. Sie würden ja jedenfalls Gold mitbringen. Aber wenn es geschähe, würden die Feinde Christi, die seinen Namen tragen, zittern, und Gott müßte für seine Kinder sorgen, denn der königliche Philosoph von Sanssouci würde die Tat Herodes' wiederholen.

Der Zorn des Heiligen Geistes über den Abfall derjenigen, durch deren Mund er sprechen sollte, kann nur mit dem erneuten Bekenntnis zu dem Namen Christi, in dem »der Geist der Weissagung« lebt, abgewendet werden. Das Bekenntnis zu ihm erneuert die »Sendung des Geistes«, macht offenbar, wie alles in Christus seine Mitte hat. Den prophetischen Ton unterbrechend, zeigt Hamann dies mit dem Augustinus-Zitat über die Auslegung des Alten Testamentes auf Christus hin. In der Fußnote 54 knüpft er daran eine weitere spöttische Polemik gegen Michaelis, der die Lehre von der Prädestination einer zu dichterischen Einbildungskraft und einer zu geringen Gelehrsamkeit zuschreibt, die beide Semiten, Augustin und Mohammed, gemeinsam hatten. Augustinus hat dann auch, fügt Hamann hinzu (Fußnote 55), den Geschmack Luthers verdorben, weil er den Sinn dieser Lehre versteht, der dem »frevlen und hochfahrenden« Geist Michaelis' verborgen bleibt, weil er, christlich gesehen, ein Säugling ist.

Mit dem Persius-Zitat bricht Hamann jäh ab und wendet sich weg – wie der lateinische Satiriker, wobei der heilige Ort entweder auf Genf und Rom zu beziehen oder aber, was mir wahrscheinlicher vorkommt, ironisch zu verstehen ist wie in der Satire: wenn ich kritisiere, verbittet ihr euch die Kritik als eine Beschmutzung eurer Heiligtümer und droht mir mit dem Verlust eurer Gnade. Die ist mir gleichgültig, aber ich gehe fort.

In der Behandlung des Reims und des Metrums sehe ich nur einen recht ironischen Exkurs, der wohl eben deshalb so wenig ergiebig und original ist, weil er es nicht sein soll. Hamann will zeigen, daß er auch diese Art der Kritik, die man in einer Ästhetik erwartet, liefern kann, wobei er zwar seine Gegner geschickt gegeneinander ausspielt, über das bei Lowth und Michaelis Gesagte jedoch kaum hinausgeht; die Verteidigung Klopstocks ist zwar echt, auch wegen ihrer leisen Kritik, aber ohne rechte Energie. Der Hinweis auf die Kadenzen der kurländischen Arbeitslieder ist bewußtes Gegenstück zu Lessings Bemerkungen zu den litauischen Dainos im 33. *Literaturbrief* vom 19. April 1759, auf die wohl auch das lateinische Zitat zu beziehen ist, da Lessing sie in *Ruhigs Littauischem Wörterbuch* gefunden hatte, als er darin blätterte. In dem »Es würde zu viel Zeit erfordern . . .« liegt wohl auch ein Eingeständnis, daß die Sache ihn wenig interessiert; aber der Versuch, mit den Horaz-Versen, die, mit dem Cento über das Jüngste Gericht verbunden, ihre Wirkung nicht verfehlt hätten, die frühere Höhe zu erreichen, fällt ebenso matt aus.

In der ›Apostille‹ schlägt Hamann den Ton des ›Predigers‹ an, der weiß, daß des Bücherschreibens kein Ende ist und daß viel predigen – bzw. studieren – den Leib müde macht, und der die Eitelkeit des gelehrten Betriebes aus eigener Erfahrung kennt. Er gibt mit seinem Cento eine treffende Charakteristik seiner Schrift, indem er das Gelehrte, Zusammengestückte, das »weit her Geholte« der Anspielungen hervorhebt, die auf eine ebenso weite Anwendung genau berechnet sind. Er hat aber nicht »Worte der Weisen« geschrieben, sagt er, sondern ist – wie seine Gegner – ein Kritiker, aber ein Ausleger dieser Ausleger, ein Metakritiker, um ein späteres Lieblingswort Hamanns zu benutzen: seine Anmerkungen sollen erhellen, den verborgenen Sinn klarmachen – und sie sollen vernichten. Diese Kritik hat ihren Ursprung in der Erkenntnis, der Ästhesis, die Hamann mit dem alten Prediger und mit dem Prediger der Wiederkunft des Herrn verbindet.

Wie die *Sokratischen Denkwürdigkeiten* in den *Wolken* ein Nachspiel bekamen, so auch *Aesthetica in nuce* in dem sogenannten *Mitauischen Intermezzo* (N II 241-274). Hamann rechnet in beiden Schriften mit seinen Rezensenten ab – und die *Aesthetica* rezensierten Michaelis, der enttäuscht, und Mendelssohn, der in mancher Hinsicht lesenswert ist. Beide Schriften sind übermütige Abfertigungen, deren Reiz in einem geistreichen Spiel, in einem Hin und Her zwischen dem rezensierten Text und der Rezension besteht. Für die *Wolken* gilt jedoch, daß sie Hamanns Gedanken über das Genie weiterführen und vertiefen, sie gehören nicht nur zur Wirkungs- und Deutungsgeschichte der *Sokratischen Denkwürdigkeiten*, sondern sind in mancher Beziehung eine selbständige Schrift.

Fängt nun mit diesen Schriften der Sturm und Drang an? Schärfer ausgedrückt: Ist *Aesthetica in nuce*, wie Unger schreibt, »das früheste und wirkungsreichste Manifest des Sturms und Drangs geworden – elf Jahre vor den Blättern ›Von deutscher Art und Kunst‹!«, indem sie »den theoretischen und praktischen Großtaten eines Herder, Goethe und ihrer Genossen prophetisch den Weg« bereitete (*Hamann und die Aufklärung* S. 263)?

Daß Hamanns Zeitgenossen ihn als Haupt der neuen ›Sekte‹ ansahen, hat Unger gezeigt; daß Herder, Goethe u. a. sich von ihm anregen ließen, kann nicht bezweifelt werden. Wenn Unger betont, daß Hamann in ihren Augen der Subjektivität, dem Gefühl und den Leidenschaften ihr Recht verschaffte, die Poesie als göttlich pries, die müde Zeit auf den Ursprung, das Primitive hinwies, hat er wiederum recht. Andererseits hat die neuere theologisch-philosophische Forschung, nicht ohne gelegentliche, durch den Stand der heutigen theologischen Debatte bedingte Verzerrungen, Hamanns ebenso deutliche Distanz zu der neuen Schule verständlich gemacht, eine Distanz, die weder Unger noch Nadler recht sichtbar machten. Es sind oft sehr verschiedene Ideen, die Hamann und die Aufklärung, und den Sturm und Drang und die Aufklärung scheiden – und verbinden.

Der biblische Gott Hamanns ist so weit von dem Gott der Deisten wie von dem Göttlichen des Sturm und Drang entfernt. Das Genie Hamanns unterscheidet sich von dem witzigen Kopf, der viel Genie hat, und von dem Titanen, dem Prometheus, denn »Das wahre Genie kennt nur seine Abhänglichkeit und Schwäche, oder die Schranken seiner Gaben. Die Gleichung seiner Kräfte ist eine negative Größe« (N II 260, 22-24). Während der Künstler später als schaffende, formende Natur an dem Göttlichen der schaffenden Allnatur teilhat, ist das Prophetische des Dichters bei Hamann mitgeteiltes Sein, Gnade. Der Hinwendung zum Ursprünglichen, zum Primitiven, worin man das volle Menschsein finden wollte, entspricht bei Hamann ein ebenso starkes eschatologisches Moment. Der Anfang umfaßt Schöpfung und Sündenfall – die Wiederkunft bedeutet, wie schon die Inkarnation, eine Überhöhung des Anfangs, der seinen Sinn erst am Ende der Geschichte bekommt. Der Sturm und Drang feierte das Gefühl oder verfiel den Leidenschaften – Hamann bejahte die Leidenschaften und die Sinne, traute ihnen aber soviel und sowenig wie der Vernunft, denn alles sind Kräfte des gefallenen Menschen.

Hamanns Bedeutung für den Sturm und Drang beruht zu einem sehr großen Teil auf einer schon von Herder vorgenommenen und noch nicht völlig erforschten Umdeutung seiner Gedanken. Herder war der große Vermittler – Hamanns eigene Schriften erschienen in kleinen Auflagen, wurden schnell rar. Erst seit Friedrich Roth war es möglich, ein Gesamtbild seiner Autorschaft zu gewinnen. Diese gibt ihm einen eigenen Platz in der deutschen Literaturgeschichte, die ja nicht nur Wirkungsgeschichte sein darf. Über den Anreger, den man zum Vorläufer machte, hat man den eigentlichen Hamann vernachlässigt. Es ist erfreulich, daß die neuere Forschung einen anderen Weg eingeschlagen hat.

## INHALT